Y 1979
A

I0141488

Res mYc. 750

6 416

La Grant nef

des folles selon les cinq sens de na
ture composee selon leuangile de mon
seigneur sainct Mathieu des cinq vierges, qui ne
portent point duylle auecques elles pour mettre
en leurs lampes. Auec plusieurs addicions de nouuel
lement adioustees par le translateur.

S Ce liure

Sy mon flory

Le prologue du translateur de ce
present liure intitule la nef des fol
les translate de latin en francoys.

Ource quilz sont plusieurs gens lecteurs
et auditeurs du temps present qui sont en
nuyez de veoir et ouyr longues a supflues
narracions. Mais sont plaisans a ouyr et escouter
choses sommaires a en bref recitees. Je simple tras
lateur de ce present opuscule nomme la nef des fol
les ay Boute mon petit imbecille entendement en
ployer a rediger les parolles et sentences latines
dicelluy en francoys ou ie me suis plus arreste aux
sentences que aux ditz car elles sont de plus grant
efficace a ne me suis arreste a faire aucun grant pre
ambule pour lintroite dicelluy. Pourtant quil me
souffist essaier a ma petite puissance de translater
cestuy petit liuret lequel a fait Maistre Josebade
treseloquent orateur. Je prie aux orateurs qlz sup
portent linsuffisance du petit orateur francoys et
se necessite damendement trouuent en son langaige
quil tant de sentence que de orateurs ilz mectent beni
gnement. Et soit a son appos chascune scusace droit
ctement prise. Car combien qil puisse sembler de prime fa
ce a plusieurs qui sont aduertis cestuy liure estre dit
a intitule la nef des folles en maniere de derision si
nest il pas ainsi. Car combien que le nom de fol ou de
folle soit vulgaire si sentent il moralement pour
les pechez a vices qui commettent en ce monde a sont
les souueraines follies a causes de perdicion. Par

a ii

que v chascun et chascune soient ententifz a si bien
prendre a considerer les enseignemens de ce present
opuscule faictes a la reprehension des filles : que
paruenir puissét a la compaignie des saiges en sup-
uiant la saincte trinite quil doint a chascun de paruenir a bonne fin la ou il pretend.

Le prologue de maistre Joce Bade qui composa ce liure en latin.

Affin de mieulx comprendre la substance de
ce liure nous declairerons le prologue de
facteur q dit ainsi. Si esope q estoit de phri-
gie grât orateur de fables ainsi côme dit aulus gelius : estoit estime hôme saige et nô sâs cause. Car
il a admônesté et pfundé choses brifues. Nô pas pst-
tées graues ainsi q les philosophes ont de coustume. Mais a comête p apologues ioyeuses et delectables choses bie côgneuez salutaires et prudentes et
côuraiges des hômes et iceulx induit auecques vne
maniere de faire fort môdaine. Si bôquer on en
gnoist que vtilité assemie et prudément escript, on ne
bônera point môyne de nom ne de gloire a maistre
estime brant alemant homme tres docte expert en
loyx : et toutes aultres scisces qui auecques vne bê-
baine et fascerie enseigne et corrige les fols desquelz
il en est sans fin. Par celle facon q par sa doulce et
ioyeuse polle les retire a vitant a bien faire. Et ne
le mettent point môine d leur courraige nô plus q
ce que dit Horace poete ayme a recen des humaine

lequel entierement escript choses cordialles: telles
mēt ꝗ̃ les faict retourner en leur bon sens: ꞇ se mō=
strent amiables. Et brief les contraint de vouloir
obeir: ꞇ condescēdre a la sentēce ꞇ opinion des saiges
Et pource ꝗ̃ toy Anguilbert de marnef homme entre
les aultres es digne destre loué: pource que tu as
prins la peine ꞇ as trouué linuention de la trāsla=
tion des folz a linstāce diceulx. Pareillement as
voulu prendre la peine de adiouster ceste addition
des folles qui est oeuure familiere a estre louee de
plusieurs personnes. Mais affin ꝗ̃ ie ne face côtre
la coustume de ceulx ꝗ̃ font ꞇ cōmuniquent leurs
oeuures en estendāt ꞇ espuilsant mon oeuure prens
engre te ꝗ̃ maintenāt iay fait par ton exortement.
Côme ainsi soit dōcques ꝗ̃ ie cognoisse ꝗ̃ le premier
peche de nous aultres mortelz soit plus procede ꝑ
la follie de la fēme que de lhōme. Je cognois tou=
teffoiz ꝗ̃ les plus saiges hommes ꞇ les plus grans
font tous chein ꞇ trebuchez en erreur. Côme le pre=
mier hōme Adam: sanson: dauid: et plusieurs aul=
tres. Et ainsi quil nest riens plus voluptueulx ne
plus delectable que le sexe feminin. Nostre seig=
neur dist quil nestoit pas bon que lhōme fust seul.
Et pource dist. Faisons luy aide semblable a luy.
Jay donc aussi adiousté ꝑ la nef des folz et aussi
des folles pour deriuer vne petite nef: et de petit
corps en ceste nef naufrage. Neaultmoins se ie ne
suis deceu dune grande capacite: on y pourra com=
prendre et entendre toute follie humaine. Car tou=
te sa follie et fureur humaine principulement vist

pource que les sens de nature dominent sur raison
par ordre mauluaise et inique: desquelz non pas
sans cause dit le prophete dauid. Si mes sens de
nature nont point sur moy domine: alors ie seray
pur et nect: et seray nectoye de grât et horrible peche.
Et pour ceste cause arriueront a la nef des folles
en laquelle Eue nostre premiere mere est nommee
nauerque. Cinq petites nef de toutes les folles
femmes desquelles dist iesuchrist en la parabole
des vierges: lesquelles furent cinq folles qui prindrent les lampes et ne prindrent point duplle auecques elles. Par lesquelles nous pouons veritablement entendre les cinq sens exterieulx qui en tant
quilz sont adonnez aux choses mondaines es des-
sentult de lame. car ainsi q̃ dit Sainct iehã au secõd
chapitre de sa premiere canoniq̃ Il nya riẽs en ce mõ
de q̃ cõcupiscẽce charnelle et cõcupiscẽce des yeulx
et orgueil de vie. q̃ nest point du pere: cest assauoir
de dieu: mais du monde: et le monde et sa concupi
scence est transitoire. Et pourtant dit il au premier
chapitre des. ecclesiastes. Le monde est la vanite
des vanites: et nya en ce monde q̃ vanite. Et pour
ceste premiere nef est le logis de tous les folz et
folles: en laquelle Eue nostre premiere mere est
entree et cheute en peche en obeissant aux cinq sens
de nature: laquelle ainsi que lon croit retourne a
son bon sens. Et pourtant elle enseigne comme sa
ligne doibt desobeir aux folles voluptes diceulx
sens. Mais au contraire cinq folles se efforcerent
de attraire toutes manieres de gẽs en leurs nauis

tes en leur promettant tous ses plaisirs et souhaitz
de ceste presente vie mortelle. Nous deuons donc
maintenant dire a cause de brefuete en prose ainsi
comme desirans pouoir facillement estre trompez
des folz et folles dun chascun sexe deuant q̃ nous
nombrons et parlons de tous les cinq sens, et de
leurs abusions nous aurons a chascun comencee-
cement vne inundation de toutes manieres de folles qui vouldront venir aux dictes nefz pour ouyr
ce que la nauarque vouldra dire. Car par meditas
tion vigilante lay trouue plusieurs degrez de er-
reurs par lesquelz lhumain genre chiet et est cheu
en peche. Et pourtant a garir les egritudes et per-
turbations intollerables des mortelz, plusieurs
saiges et letterez hommes escripuirent et ont escript tresfructueux enseignemens par lesquelz les
playes de la pensee saieres et tranquilles seroient
garies mieulx que par esculapius qui fut premier
inuenteur de medicine naturelle. Veritablement
enuers les grecz fut mediterranee instituee les gym-
naisies esquelz estoit confesser et congneu la tres-
salutaire medicine. laquelle aux couraiges esperitz et perturbez conferoit et donnoit somes z nour
rissemens tres uenus. De la vint que Socrates ce
grant amateur et suiuant de philozophie premier
commenca a disputer des meurs. Et quant il vit
quil pouoit mettre es choses naturelles fin des
biens et de souueraine felicite il donna aux estudes les haultes contemplacions de a pensee. Et
tellement resplendit en philozophie quil fut dit

Quippe a
pud grecos
primuus in
stituta.
Vnde et so-
crates ille
maximus.

estoit expedient et utile, pour comme aussi de fait, se
redardast iceulx p̃ los mes mortelz, prochinez a enclis
aux vices. Et voulut ce remede aller a l'encontre des
meurs confuses en la publique place des atheniens
il enseigna iceulx enseignemens qui cloent et enuirõ
nes sipades a seres sõtaires, du souuerain bien.
Et au vray parler, ce suiet est fait et compose a la
salutaire doctrine de sapience: et de cõmodite, pour
espurger sa vanite de demence: et de fatuite. Pour
se regarde a life parfaictement chascun a chascune
cestuy suiet. Et life heure et regarde a congnoistre
sa condicion et vie tout ainsi que l'en peult veoir et
cõgnoistre son effigie et semblace en ung miroẽ en
affin que plus cureusement en ce monde ne puisse
passer soy eage. Pource nous supplions q̃ chascun
lecteur veuille supporter et excuser noz petis dictz et
lucubracioñs s'elles sont imparfaictes.

Cy finist le prologue de ce present liure.
Et s'ensuit la premiere nef des folles.

Et premierement de Eue
nostre premiere mere

La premiere folle ie suis
Qui doibs sur toutes dominer
En ceste nef te me dedaitz
Voulant bas et hault gouuerner
Ie scay sur toutes discerner
Ie congnois mastz cordes & voille
Venez folles sans seiourner
Venez compter de voz nouuelles
Venez dames et damoiselles
Venez cy deuant cheminer
Amenez voz filles pucelles
Point ne ses veulx habandonner
Du tout me veulx determiner

De les mener en plusieurs lieux
Passer le temps et esbanoyer
En iardins plaisans et ioyeulx
La ou sont chans armonieux
Aussi doulx que voix angeliques
Iamais folles ne deuiennent vieulx
Dilz entendent bien les practiques

¶ La declaration de la nef.

Ntre toutes ses femmes mortelles eue nos
stre premiere mere a est la plus folle et me
re de toutes folies. Car elle conceupt en son
couraige par les cinq sens de nature tous nourrisse
mens de iostie. Elle adiousta foy au dyable denfer
qui luy dist: iamais vous ne mourres et seres com
me dieu: sachant bien z mal. En apres par le sens
veoir elle couuoita menger du fruyt de larbre de vie
ou elle print delectation quant elle en mengea. Par
le sens de toucher elle emporta ledict fruyt de larbre
Et pour la grant doulceur et delectation quelle sen
tit au fruyt qui fust si doulx et si delectable quant el
le en eust gouste z menge: elle en donna a son mary
Adam nostre premier pere: lequel don est cause et
engendrement de toutes folies. Parquoy nous aultres mortelz sommes obligez et subiectz a plusieurs
maladies: labeurs et angoisses: a faim soif chault et
froit z a tous genres de monslp et de calamitez tous
chant lame z le corps: et finablemet a la mort. Car
parce est que nous auons et voyons aducur tant de

perilz fortunes et eptremes douleurs de vices et de
follies. Et generalement tous maulp procedent de
ceste premiere folle noftre mere eue. Dont ſes filles
pluſieurs folles ſont habandonnees a pluſieurs per
chez les vnes en auarice les aultres en luxure z en
ābitiō. les aultres en gloutōnie: pareſſe et enuie: les
aultres en ire courroup z mauluaiſes voulētez: dōt a
la fin en cōuiēt ſouffrir peines z pſecutiōs merueil-
leuſes. Car ainſi i cōme dit Plin⁹ en ſon liure cinqeſ-
me au pmier chapitre. On ne ſcauroit trouuer pour   Plinius
le pſent aulcune creature de ſepe femenin ſans aul-   liu.cap.o.i.
cun vice ne miſere. Cōme ainſi ſoit q le courage hu
main ne peut dire ne eppzimer toutes ſes miſeres: po
uretes z cas dinfortune q eſt dōnee a ſa fēm: des le
cōmencemēt de ſa naiſſance. A ceſte cauſe nature a pro
duit z ēgēdre toutes choſes pour ſeruir nature humai
ne moyennāt grāt loper penible contre ces grās dōs.
Et par viue raiſon neſt a croire ne a eptimer ſi eue
noftre premiere mcre nous a eſte bōne z prouſſitable
ou ſe elle nous a eſte mauluaiſe et triſte marraſtre.
Car a brief dire deuant toutes choſes auarice z cupi
dite gaſte les fēmes. Car la racine de to⁹ maulp en
viet cōme dit ſainct pol p auarice z cupidite z amour
deſozdonnee. Et noſtreſeigneur qui nous a crees et
formez a ſa ſemblance nous procrea nudz de toutes
choſes ce quil na pas fait aup aultres creatures. Cil
me ſont les beſtes bruttes: opſeaulp: poiſſons z toutes manieres darbzes. Car chaſcun quant et ſoy ap-
pozte ſon veſtement. Et quant nous venons a con
gnoiſſance nous neappetōs q noſtre plaiſance ainſi

comme feist eue nostre mere. Laquelle mist incontis
nent par son peche lhomme au commancement de sa
natiuite nudz en pleurs: plains ʒ gemissemens ce ʒ
les autres creatures ne sont point subiectes a telles
paines ʒ labeurs. Car en verite se la psonne au chief
de quarante iours apres sa naissance congnoissoit sa
ioye aduenir: iamais nauroit talent de rire ne de soy
resiouyr. Pource est assauoir que vne chascune creatu
re comme nous a lheure de nostre naissance receupus
les biens peines et lamentables tribulations p tous
noz membres: ʒ non pas les aultres bestes. Car no⁹
sommes liez par les piedz teste ʒ mains en plourant
et criant incontinent que sommes nez sur terre: signi
fiant pourete labeur et misere laquelle nous est aduenir. O que cest vne grant follie a ceulx qui apres
leur naissance portent en ce monde si grans pompes
dorgueil: et qui croyent quilz soient venus sur terre
pour telz choses auoir. Quelle esperace est ce de leur
vertu: leur vocatiop du temps rend lhomme ʒ la fe
me semblable a quattre piedz. Car en piece naura lo
me la faculte de bien cheminer: sa voix de bien parler la bouche ferme pour menger. Tant comme la te
ste sera en vertu laquelle est le membre principal de
souueraine fol per ʒ imbecillite sur toutes les bestes
du monde: de tant plus elle aura plus griefue repro
the. Et pourtant pensez en voz cueurs dont viennent
tant de manieres de maladies: et mettez remede de
bon heure a supr ʒ escheuer telles forines de maulx
et de inuentions nouuelles qui suruiennent aux po
ures humains. On voit que toutes bestes sentent

leur nature et se gouuernent seson leur sentement.
Car les vnes sont farouches cruelles z mauluaises
les aultres sont doulces legieres et benignes les au
tres robustes et font naturellement leurs choses cō
uenables qui a eulx appartiennēt. Mais iamais no
streseigneur ne nous parmist scauoir riens sans dos
ctrine et sans grant peine z labeur. Non pas seulle
ment parler: cheminer: boire ne menger. Et si nest ri
ens plus naturelle chose a nature humaine que plou
rer. Et pourtant on veoit plusieurs personnes quilz
mauldissent lheure de leur naissāce: les aultres voul
droient auoir este mors apres leur baptesme: les aul
tres desirent a viure longuement: z iamais ne voul
droient mourir. Et par ceste maniere est donnee aux
folles femmes volupte et delectatiō charnelle. Les
aultres ont innumerables manieres et facons par
tous leurs membres de desordonnee laxure. Les au
tres ont desir et cupidite de vouloir viure oultre me
sure. Les vnes sagement en grant humilite: les aul
tres desirent et couuoitent tous genres de leur solas
tieulx et vaines plaisances sans penser a dieu q̃ les
a faitz et crees a son ymage. Les vnes aussi faignēt
estre bonnes et deuotes: et sont tres mauluaises.
Parquoy il nest beste si cruelle quest la folle femme
ne plus enragee a pecher. Et si nest beste au monde q̃
tant ait de pourete z de misere que la femme: car par
elles se font souuent noises et occisions: discors: ten
cons et batailles. Et les bestes brutes nesentrefont
nulle discorde ne tous aultres genres de bestes: ne
oyseaulx ne assez daultres especes de creatures. Mi

nius dit en son septiesme liure. Jay grant pitie z honte quant ie pense a la grant follie et friuolle des femmes. Car comme il soit ainsi que loudeur z mignotise dicelles soit cause dauorter leur fruict: ilz ne laissent point a eulx estraindre affin destre iolies: parquoy ilz font mourir leurs enfans. Et ont couraige z vouloir tyrannique. Car ia sache quil se fient a la vertu et force de leurs corps qui sont les dons de fortune: neantmoins ilz ne peussent estre meres de leurs enfans a cause du fruict. Et pource est a peser que icelles folles ne pensent point pour lorgueil qui les soustient que autresfois ont este en ce peril destre perilz dedens le ventre de leurs meres le temps passe. Car

Anacreon
fabius

comme dit Anacreon fabius. Toy qui ne crais dieu nas tu point de paour de perir a chascune heure de iour par quelque petit coup ou dent de serpent: ou par le seul coup dun petit roisin qui na ne force ne vertu. Car moy mesmes estant senateur de roimme fuz estrangle dun seul poil en mengeant du laict. Et finablement qui sera celluy qui pensera consequemment a sa vie lequel aura tousiours bonne memoire de sa fragilite humaine. Cecy se prouue par la saincte escripture. Car comme dit, Job au .viii. chapitre. Lhomme qui naist de sa femme en petit de temps est remply de plusieurs miseres et pouretes zc. Qui

Job

est celui qui na point veu de pourete en huerruiter qui est celluy qui na point donne peines z laseurs a celle premiere follie dont nostre mere eue nous a obliges. Nous deussions vouloir nestre point poures ne miserables ne viure en telles miseres pour ceste fol

lie. Si doncz tu ne congnois point la fin dela voye
ou du chemin ne que iames tu nayes essaie telz perilz
cest grant follie a toy de y vouloir entrer. Je tiens
la creature pour bien folle qui voit aller une aultre
folle en ung chemin perilleux z puis sen va petit aps
et fet et voit le dangier qui y est. En verite nous
scauons bien que ceulx qui veullent en ce monde cy
ensuiuir la voye de sensualite ilz auront leurs voluptez bien briefues et courtes. Et ne seront pas ses vo
luptez eures ne vrayes: mais meslees de plusieurs
infortunes amertumes de miseres. et scauons bien
quelles tendent a la mort. Et tout le ptraire. Ceulx
qui par linnocence de baptesme ou par la seconde table apres leurs perditions. Cest adire grant z ardue
penitence quilz ont faicte: ilz vont par la voye z chemin de vertu: affin quilz paruiennent au salut eternel. Pourtant dit Marcus cato en son oraison la
ble il fist aux gensdarmes de mimence ainsi que recite Aulus gelius en son. xx v. chapitre. Penses a voz
couraiges se iamais vous feistes riens par vray labeur. Car cestuy labeur incontinent se depart de vo?
mais le bien quaures fait iamais tant que viures
ne partira de vous. Et si par maluaise volupte fait
aues aulcune chose ceste volupte vous laissera tan-
tost. Et se vous aues mal fait: elle ne vous laissera
iamais: Et pourtant femmes fuyez follie, et escou
tes parler nostre premiere mere eue laquelle se com
plaint en ceste maniere.

Marcus cato

Aulus geli

xx v. caplo

Discrite mor
ales misere
lamenta pa
rentis.
Et pensa no
tra fertite
dela rate.
Illa ego q
uerax nulli
abiecta rule
Nec bisura
nasti nec su
stituta necez.

Folles femmes miserables
Escoutez le gemissement
De cuer: qui sont lamentables
Que bous arrez presentement
Eue folle premierement
Jay pesche trop par mes cinq sens
Retenez donc notoirement
Que pesche abuse les gens
Eue suis mere des humains
Criant a tous mes brays enfans
En leur priant et soir et mains
Que leurs bies soient bien bsans
Mieulx que moy: et considerans

Que sans peche cree ie fuz
Et sans mal auoir en nul temps
Lhomme nest iamais sans abuz
De terre vins e yssi nuz
Iamais ie ne deuoitz mourir
Et tous mes enfans au surplus
Deuoies auoir sans mal souffrir
Se bien ie me boluz offrir
Adieu qui en auoit le pouoir
Parquoy nous conuint tous mourir
Douleur et peine recepuoir
De ce monde translatee
Ie deuoie estre en paradis
folle ie fuz rebetee
Helas aux humains ie le ditz
Le fut quant la pomme ie beiz
Dont ie menge qui cher nous couste
Ie puis dire a mon aduis
Tel a beaulx yeulx qui ne boit goutte
Par la pomme somme toute
fuz enuoye de damnation
Par marie fuz absoulte
Et mise hors de perdicion
Entree suis par ambicion
En ceste nef ie bous prometz
Et ditz par bonne intencion
Le morceau fut bng mauuais metz
Pour mes enfans et mes subiectz
Alors fuz tres mal conseillee
Piteux furent tous mes regretz

Que geni=
tara viro
pulcrez sine
crimine ple
Inq̄ puer
pio leta fu=
tura med
Que q̄ iuti
mortales:
fuera visu=
ra nepotes.
In paradi=
siacis lude=
re collautis
Moy rapi=
da, deo sic i=
peritate per
alta.
Sidera ire
theram gfor=
ficatadomu
Illa inquia
vt vetuitu
malis affu
mere pomu
Ausa fui lo
gu tollor in
epilium.
Prima etu
dubie damo

sapitula na	Quant me veis ainsi abillee
ris.	Pollue triste τ souillee
Stultozu in	suz de peche: donc ne suis digne
gredioz stul	Estre de dieu illuminee
titiegz parēs	Ne inuocquer grace diuine
Nā quia di	Souuent ie frappe ma poictrine
uinam petii	Pour tous mes pechez miserables
stultissima	Qui sont conuertis en ruine
mentem.	Et en paines intollerables
Destruoz c̄	Jay des douleurs intollerables
ptio posteri	A enfanter chascun le scet
talez mea.	Et des miseres tant greuables
Jmmensos	Pour mon peche qui est infect
subigoz pari	Las bien dois mauldire ce fait
ens tolerarē	Quant ie creuz si tost le serpent
dolozes.	Meschante en suis en effect
Nec cū virgi	Quant par moy tant de mal despent
neo gignere	En vng clyn doeil le mal surprent
honoze dat.	Et met a mort le plus fort homme
heu mihi fal	A tout chescun ainsi en prent
sati que cessi	Las cest pour menger dune pomme
tredula Cipri	En mes sens pour toute somme
frenaqz non	Forfeiz par grant detraction
posui sensi6?	Euc fuz folle ainsi me nomme
ipsa meis	Se sut par fatigation
Nuda per ig	Trouuer ne puis occasion
notas cogoz	Darriuer a ferme τ bon port
tranare pzo	Entendes folles ma raison
cellas.	Le cueur de lhomme peche mort
Nescia quez	Se dieu ne me donne confort

Selon le peche que iay fait
Preste suis de recepuoir mort
Bien lay guaigne par mon forfait
Iay esperance en effect
Qune vierge pure viendra
Qui effacera mon messaict
La quelle iesus concepara
Qui ce serpent cy destruira
Par son ioyeulx aduenement
Les portes des enfers rompra
Pour faire nostre sauluement
Les vtilites propremcnt
De la iustice originalle
Sans nul peche sera vrayement
Lenfant de mere virginalle
Natif de maison royalle
Lesrenfant iamais naura fin
Sa vie sera eternelle
Sans commencement et sans fin
Cestuy est le roy et daulphin
Qui dourra grace ie vous promect
Aux pecheurs qui de cueur enclin
Le vouldront seruir pour tous mect
Cest ung adam doulx en ses faitz
Bien eureulx est qui le verra
Venez folles approuchez vous pres
Cest celuy qui nous sauluera
Il vous fault faire la bataille
Contre sa ne] presentement
En frappant destoc ou de taille

portii: qui ve
basitura mo
dum.
Nãq superbi
lio si me de
ipe tremedo.
Condennate
Helit: comes
rui interiit.
Sed ventura
mee virgo et
haud conscia
culpe.
Contriture
triui perfida
vipra caput.
Que quiasu
premo gnata
et paritura te
nanti.
Comoda te
sticie vincet
origiuee.

Dicteqz pec
cato quoddā
maculabile
illo.
Nec decerit q̃
vie. gratia
vertu pare.
Lascite fe
stinā leticia
secula cursu
De nouus i
ertus tōspi
ciat̄ adā.
Interea ia
si pulchriz
certamine
palmam.
Cōtra stul
tiferas q̃so
referte sca
phas.

Et la fendre incontinent
Puis la palme ioyeusement
De victoire vous porteres
En paradis finablement
Quant follie delaisseres.

¶ La seconde nef des folles touchant follemēt
regarder

Uenes tost en la nauire
folles regardant detrauers
Despeschez vous se vent vire
Venes toutes destat diuers
Et vous orrez lire les vers
Du grant dangier de vostre veue
Qui en la fin pourroit enuers
Vous contraindre a peine deue
Venez tost se front me sue
De peur que se vent ne se tourne
Je voy ia changer la nue
Du couste de lissebourne
Nulle de vous sine soit mourne
De bien faire cy son deuoir
Car sil eschiet que se vent tourne
Il nous pourroit bien deceuoir
Pourtant vueillez vous esmouuoir
A delaisser toutes follyes
Plus icy ne vueil seiourner
fuyr nous fault melentolyes.

¶ La declaracion de la premiere
schaphe ou nauicule des folles ve
nāt par le sens de la veue.

En ceste nef sont les folles q̃ plein veue ont
acquis non de insipience. Jacoit q̃ tressubtil
z peu materiel faire veuir facillement a de-
uin office: dõt les grecz ont voulu dire que ce nest au
tre chose que veoir z contẽpler entãt que enuers eulx
dieu est appelle contemplateur z promect toutes cho
ses. Cest tel luy qui est escript au pmier liure de Ge
nese. Dieu a veu toutes les choses quil a faictes les
quelles sont tres vtiles z prouffitables. Et non ob
stant quil voye toutes choses, toutesfoys il est inui
sible z ne le peut on veoir de veue naturelle. Sinon
entant que visiblement il se manifeste et peult estre
veu de veue corporelle: qui est veritablemẽt la visiõ

Genesis. pri
mo ca.

C

et fruction absolute de luy: qest nommee droictement le
souutrain bie de beatitude sempiternelle. Comme dit
saint pol au pmier liure des corinthies au treziesme
chapitre. Nous voyons maintenat p le mirouer en
doubte ꝗ apres voyons vne face contre vne aultre face. Et icelluy dieu contemplateur en terre dit en sa
premiere canonique troiziesme chapitre. Pourtant ꝗ
nous scauons ꝗ apres qnil sera apparu nous serons
semblables a luy. Car nous se verrons comme il est.
Iay dit deuant que se veoir est tressubtil. Car a grat
peine nul ancien philosophe a este qui ait peu copren
dre ꝗlle chose peult estre de la veue ꝭ de veoir. Aulus
gelius dit en son cinquiesme liure au chapitre. v bi.
Nous cognoissons estre diuerses opinios des philosophes de cognoistre laraison de veoir ꝭ de nature de
regarder. Les stoiciens diet ꝗ les causes de veoir sot
les raiz des peulx touchat les choses ꝗ on peut veoir
ꝭ aussi lintention de lair. Mais epicurus cuyde ꝗ cer
taine ymages ꝭ representations daulcuns corps pro
cedant de tous les aultres corps ꝭ que cela entre dedens les peulx des creatures. Et cuyde que se seus
de veoir soit ainsi fait. Platon grant philozophe dit
que il cuyde que ce soit vne maniere de feu ꝭ de lumi
ere qui sault des peulx ꝭ icelle chose estre conioincte
ꝭ continuee auec la lumiere du soleil: ou auec la lumiere dung aultre feu ꝭ fait par sa force que quelcon
ques chose qnil se offre ꝭ donne lustre a la veue: cest
ce qui nous donne lumiere ꝭ debuos croire ce que a p
sent nous escripuons ꝭ fault vser du coseil de eminan
neoptolicn duquel est escript par auant. No⁹ debuos

Sanct pau/lus ad corin/thios.

Aulus geli⁹ li. 5. c. p bi.

Stoici

Epicurus

Platon

Eminanus neptolemus

goutter cecy des philosophes. Comme il dit z non pas
nous estrangler. Mais les philosophes peripateticꝰ
croyent q̃ la vision est faicte en soubregardant. Tou
tesfois nous sommes veuz quãt nous regardõs par
faictemẽt aulcune chose mettre plustost dehors vne
puissance visible de celluy qui regarde que nest pas
celluy qui la reçoit. Mais de ceste maniere ie̅ delaiſ
se la chose auy philosophes: car il suffise cy de decla
rer la puissance de veoir estre vicõgneue. Laquelle est
parfaictemẽt coercee ou il ya largement de lumiere
Jusques a ce quelle ny soit plus egalle. Laqͣlle cho
se ie ne diray point ailleurs sinon ou est le soleil de
iustice: z icelle vraye lumiere laquelle luyst en tene
bres z illumine tout homme venant en ce mõde. Cest
adire nostreseigneur iesuchrist qui voit parfaictemt
lequel nous cgnoissons estre egal a dieu le pere en
vne mesme gloire. Puis doncques q̃ cest la prochai
ne des creatures laqͣlle est au ciel: lon croit q̃lle voyt
si tresparfaictement auꝯ cõtraires des taulpes et des
vers vivans pourcemẽt en terre. Les q̃lz sont deceupꝫ
par les yeulx ainsi cõme indignes du benefice z don
si singulier. Pource noꝰ autres sommes tant folz et
hors du sens. Car nous sommes decorez de si grans
dons z benefices quãt nous voyons la terre et les
choses terriennes nous contemplons z dicelles cho
ses vsons. Toutesfois comme ainsi soit que cela ap
partient auy bestes bruttes. Cõme dit le poete ethui
que au premier liure de metamorphose. Car les be
stes bruttes sont tousiours propres a regarder la ter
re z baisser leurs veues. Toutesfois nostreseigneur

Peripatetici

Poete ethui
cus.

ꝓ ii

nous a donne ce bien que nous auons la teste hault:
q sommes enclis a regarder hault le ciel. Mais tou
ainsi que toutes puissances tresexcellentes soyen
tresbonnes et vtiles a ceulx qui en vsent bien. Tou
ainsi est elle tresmauluaise a ceulx qui en vsent ma
Et pource dauid le prophete ne pria pas nostre sei
gueur sans cause disant. Je te prie mon dieu quil te
plaise de diuertir mes yeulx affin quilz ne voyet aul
cun mal: car il auoit essaie que ce valoit. Car com
me ainsi fust que pource que il veit Bersabee ou il
pecha en adultere et homicide. ⸿Icelle penetration
de ceste veue fut par la fenestre la ou son couraige se
delecta a veoir q regarder icelle Bersabee. Et com
me dit Virgille es georgiques. La femme brusle et
embrase le cueur de lhomme seullement de sa veue q
regard. Cest a entendre que la femme brusle et ens
flambe les cueurs des hommes par la chaleur das
mours. ⸿Icelluy mes mes poete le declaire aux bu
coliques q dit. Toy mauluaise Roscida. Je tap veue
pettie en voz hayes auecques ta mere cueillant les
mauluaises ronces alors que iestoye ton conducteur
Et incontinent que ie te veis ie fuz perdu q me print
et atueillit mauluaise erreur damour. Cest adire au
pres que ie te eux congneu et veue mon cueur fut es
prins et embrase damour mauluaise: car ien perdis
sens et raison et fuz insatiable et estrange en parol
les. Dõ al danger en ceste presente vie mortelle prẽdrez
souffrir telle peine z possession de tel tresor si pilleux
comme est le tresor de la veue qui nous parmet a
peine eternelle: En verite cest vne mauluaise et pes

rilleuſe garde que eſtre garde de la veue. Car noſtre
ſeigneur ieſucriſt nous conſeille par alegoire au cin-
quaieſme liure de ſainct mathieu diſant. Se ton ocil
te ſcandaliſe en regardant mal aulcune choſe euite
ycelle choſe τ la deboute de ton entendement. Car il
eſt plus eppedient que lung de tes mebres periſſe que
tout ton corps τ ſoit tormente en gehenne de feu de
fer. Et propoſou ceſte cauſe en diſant. Tous ceulx
qui i regardent les femmes par concupiſece ont ia peche
auecques eulx en leur cueur Et le commandement de
dieu eſt. Tu ne deſireras leuure de la chair ſinon par Non mecha
beris.
mariage: Et ſi neſt pas a entendre de non veoir τ regarder: et quon dope arracher ſes peulx ainſi i q dit la
legiſire denoſtre ſeigneur. Mais tant ſeullement il
a donne la veue affin den vſer a ſa neceſſite pour ſoy
veoir conduire et chaſtier de pecher et ne vſer point
mauluaiſement de ſes peulx. Car nous ſommes gou
uerneurs de noz mebres aulx deuins offices a nous
octroiez: mais nous nen ſomes pas ſeigneurs. Non
obſtant que aulcuns philozophes ethniques ſe ſont
oſtez les peulx de peur de mal regarder τ ſi ne furet
oncqs cotrains. Cöe dit Aulus gelius du philozophe Aulus geli
de mocrit⁹ a ſo. x. liure au. x viii. chapitre ql eſt eſcript
aux monumes de liſtoire greque. que ceſtuy democri
tus eſtoit vng höme ſur tous les aultres digne deſtre
honnoure τ anobly de ancienne auctorite. Ieql de ſon
bon gre ſe priua de la clarte des peulx: car il croioit q
lentedemet de ſon cueur pouoit eſtre plus fort τ dili-
get a cotepler les raiſons de nature: et ſpeculer les di
uins ſecretz de noſtre ſeigneur: q neſtoit a veoir τ re-

garder p̃ la clarte de ses yeulx: donc a ceste cause il se
les fist arracher affin destre excent des plaisãces mõ
daines de ceste vie mortelle. Et affin que apres son
aueuglemēt il fust plus subtil a contēpler ses choses
de lassus en son couraige: laquelle le poete

Laberius

escript en sa comedie minus. q̃ est a dire en autre ma
niere plus droicte puremēt ꝙ elegammēt enuers ses
faictz: mais touteffois il a faint la cause estre autre
et la retourne en ꝑcelle chose laquelle il disoit alors
elegãment: se vne psone ce dit laberius en son liure
est vng gõme auaricieuꝝ ꝙ plain de couuoitise ꝙ pos̃
sede moult de biens. il tiēt moult la despēce ꝙ grande
opposition de biēs: tont ne plus ne moins comme la
mignotise dung petit enfant qui pleure. Et dit cestuy
Laberius en ceste facon: ꝙ Democritus abderite phi
sciēt feist faire vng boclier en maniere ꝙ facon dun
mirouer biē luisant et poly affin ꝙl peust plus facil̃
lemēt veior sa face ou visaige: et le mist cõtre le so
leil tellemēt ꝙ ses rayps frappoiēt le boclier ꝙ le regar
doit affin ꝙl peust arracher les yeulx p̃ la resplēdeur
de lor. ꝙ p̃ les rayps du soleil ꝙ luy creuerēt ses yeulꝝ
la prunelle affin ꝙl ne veist pas les citoiēs ꝑsperer en
bien disãt ie vuelp̃ faire fin a la lumiere de moy age
par resplēdeur resulgēte cõtre lor ꝙ largēt. Et oultre
affin ꝙl ne veist sõ filz deuenir mauuais. Et pourtãt
il nest pas bon de pdre la veue: ne aussi den vser mal
mais il nous est necessaire en vser biē. Et affin ꝙ pl̃
diligēmēt no̹ faciõs nostre ociuure de la veue briefs̃
uemēt nous verrõs ꝙ sont les abusemēs de le veue.
Luy est par lequel nous no̹ abusons a regarder chos̃

Democrit̹.
ꝰbderites phi
icus philozo
phus clipeuz
õstituit con
ꝰa exortum
lyꝑ periõnis.
ꝰulos solis
rcieꝝ esso
it luminis
nalis bene
sse ne vide̱
et ciuibus.
ic ego resul̃
zenti. ꝛc.

ses illicites: et au contraire a veoir choses licites illi
citement nous pouons attribuer ceste premiere ma
niere a lucifer. Car cõme il soit ainsi quil regardast
le mirouer de la diuinite. Cest adire dieu le createur
lequel lucifer estoit le plus grant sur toutes les crea
tures que dieu crea: et qui congnoissoit sa creature
ainsi que aulcuns dient de veoir aulcunesfois mon
ter iusques a la deptre de nostre seigneur. Et disoyt
en son cueur ce q̃ dit psaie au .xiiii. chapitre. Je mon
teray ou ciel sur les estoilles de dieu: et exauceray
mon siege et seray en la montaigne du testament au
couste de laigle et monteray sur toutes les haultes
nues. et seray semblable a dieu. Et dist apres le pro
phete. Mais touteffois tu chairas es enfers au plus
parfons du lac. xc. Semblablement tes complices:
desquelz en se passaige on ple plus amplemẽt Ceulx
qui te auront veu se inclineront deuant toy et ne te
verront point: Tiercement les hommes premiere
ment formez et creez en ce mõde. La femme cest eue
veit que le fruict estoit bon a mãger. plaisant a veoir
et delectable a regarder. Alors Adam le miserable
homme voyant que sa femme Eue. laquelle auoyt
menge du fruict de vie nestoit point morte. Et pour
luy complaire il print dudit fruict et en mengea.
Quartement le premier engendre deulx deux ce fut
Cayn lequel voiant que dieu regarda abel et ses of
frandes quil luy faisoit et nõ pas luy. Cayn se cour
roussa voiant son frere plus prouffiter que luy. par
quoy il couurit sa face et ne peult auoir nul repos
tant quil eust occis abel son frere en trayson.

Lucifer.

psaie .xiiii. c.

Eue.
Adam.

Quintemēt aũp filz de dieu voiāt les filles des hōmes estre belles ꞇ plaisantes prindrēt chascun la sien
ne pour femmes ꞇles eslirent a leurs plaisirs. Sexte-
mēt les egiptiēs q̃ veirēt vne femme:cest assauoir sar-
ray ou sarra laq̃lle estoit tresbelle le firent assauoir
auꝓ prīceps Pharaon les q̃lz furēt amoureulx delle
pour sa pulcritude cōe auoit este p auāt Abimeleth.
Septiememēt les sodomites q̃ veirent les anges de
dieu cuidans que ce fussent hōmes pour leurs beaultes ilz les desirerēt par cōcupiscence charnelle. Huy-
tiesmemēe la femme de loth qui se retourna cōtre la
voulente de son mar p. ꞇ de dieu fut muee en vne stature de sel. Et cōmēt dient les fables. Euridice fem
me de orpheus apres quelle eut regarde derriere elle:
elle demoura es enfers. Neufuesmement Dina la
fille de lye se partit pour veoir les filles de sa religion de Sichen. Cestuy sichen la rauit et emmena en
son pais. Et quant sichen filz de emor enei prince de
ꝑcelle terre la tint a son plaisir:il coucha auecques
elle ꞇ la deflora. Dixiesmemēt la royne femme phu
tiphar laquelle ioseph seruoit apres long temps quel
le veit ioseph si beau elle getta ses yeulx sur luy ꞇ en
fut amoureuse:tellement quelle le pria de coucher
auecques elle. Pareillemēt marie et son frere aaron
eurent enuye contre moyse. Les israellites apres q̃lz
veirēt les filles des moabites si belles ꞇ si mignongnes ilz les congneurent charnellement. Sanson le
fort aramathien veit la femme dung philistien qui
estoit si belle et si gente:il la print et effoxa pour sa
beaulte. Le roy assuerus pour sa grant luxure con-

gneut par sa veue et par son regart plusieurs femmes
charnellement. Le roy dauid pour le regart z la veue
de la bersabee semblablement il la congneut charnel
lement.et feist occire z mettre a mort son mary pour
mieulx lauoir asa voulente z plaisance. Amon eut
sa seur par concupiscence nommee thamar qui fut si
belle et si plaisante. Salmon qui eut innumerables
concubines fut aueugle des yeulx z luy diuertirent
le cueur a estre ydolastre. Et finablement quasi tou
te la follie des cueurs des humains a prins sa con
gnoissance:ce commencement par veoir mal et regar
der mal. Mais quant au regart de la seconde manie
re de veoir principallement de ceulx qui veullent estre
veuz illicitement sont des folz z des folles sans fin.
Qui est la folle tant soit chaste qui ne conuoite en
son cueur par pensee ou cogitation a estre veue par sa
beaulte:et estre louee par concupiscence:et quelle ne
soit fardee. Combien trouuerez vous de femmes q
soient contentes de la beaulte que dieu leur a donnee
et de la couleur de leurs visaiges:certes au iourduy
peu en est car ilz vsent de far et napliquent aultre cho
se qua eulx parer z faire plus pour deceuoir les hom
mes. On ne trouue guerres en la saincte escripture
dexemples des femmes q aient laisse la vie mondaine
pour la vie contemplatiue:mais dit salomon en ses prou
erbes ql veit luy estant en sa maison par les fenestres
vng grat monceau de iouuenceaulx passans au long de
sa muraille par vng soir ia fort obscur z sen aloient
en leurs hostelz. Si aduint q vne femme les rencontra la
qlle auoit toutes hostes poues z alloit z venoit come

si elle fust enragee toute preste a verdre et decepuoir
ses pouures ames. Ceste feme estoit dune merueil
leuse eloquece et bien parlante et nauoit nul repos:
ne ne pouoit arrester en place ne en maison. Ceste
femme vint de prepos delibere parmy lesditz iouue
ceaulx et en print vng le plus beau a son plaisir et le
tira arriere pour parler a luy: et au droit de ma fenes
stre luy dist les parolles q̃ sensuyuent. Trescher amy
il ya long temps que ie te ferche. Jay voue sacrifices
pour ton salut: et les ay auiourduy reduz: pource suis
ie yssue alencontre de toy desirant toy veoir. Or loue
soit dieu q̃ ie tay trouue. Saichez q̃ iay pare mon lict
et aorne de beaulx tapis: et si ay espandu dessus mirre:
aloes et cynamome: viens auecques moy et nous iouy
rons noz mamelles ensemble et vserons de desirs
plaisans et embrassemes iusques au iour. Mon mari
nest pas en la maison: il est alle en pays loingtain et
ne reuiendra en piece iusques a la nouuelle lune. Ce
ste folle feme entuelopa ce pouure innocel par bladis
semes de ses doulces et souefues parolles et par le bai
ser de ses leures tellemet qlle le mena en sa maison et
la suiuit come le beuf quon maine au sacrifice: et co
me laignel ignorat et ne scauoit le fol a q̃l lieu il estoit
mene tant que la fleiche luy eust perce les coustes le
cueur et le gesier. Et come loyseau qui se haste dentrer
es lacz tant quil est prins et ne scet pas quon machi
ne le peril de sa vie. Pour laquelle chose est a entedre
quon doibt fuir la mauluaise pensee qui attrait les
folz en ses pareilles sentes. Car p telles folies sont
naurez et occis les plusfors. Les vopes denfer sont

ſes voyes de ſa maiſon penetrātes les choſes q̃ ſont
en la mort. Et ſelles choſes ie ne ſcay ſe iay ſeu chõ
ſes plus grādes que ie nay pas ſeu: ou que ie ne veſe
pas dire. Car oultre ſa manifeſte douleur des parol
les il ſemble conteau aultre: comme nerfz occultes
prins ou tirez des profundites de nature. Tout auſſi
que nous vapons z apparceuons le venin doulp de
faulſe religion. Laſlle choſe nous vapons au tēps
preſent: quil neſt riens qui plus perde les cueurs: cou
rages et penſees des bōmes. Car quant pcelle fēme
folle diſt. Iay rendu mon veu: mon mary ne reuien
dra en piece. Le nous ſignifie et dōne a entēdre que
vne ſine femme eſt deuartie en nouuelle lune quāt
elle na pas ſi grant vertu comme elle doiſt auoir.
Vais nature eſt treſpromyte a copulation charnelle.
Que veult dire ceſte epēple comme vng beuf quon
meine au ſacrifice: ceſt adire a la mort. Pourtāt que
principallement ceſtuy inuencel y eſtoit: et non pas
tire ſelon les papens. Car il eſtoit lie de cordes z de
mōſtroit vng mauluais ſigne aduenir pour ſen vou
ſou fouir en le ſacrfiant. Le beuf eſt mene quaſi de
ſon bon gre a la mort et ſe baſte a la mort. Ceſtadire
en ſe tournāt et ſaillant comme vng aigneau deſlie.
Queſt ce q dire: iuſquez la fleſche luy perce le cueur z
le geſier. Selond les phiſiciens le geſier contrainct a
aymer. Et ſelon les poetes la fleſche de Cupide das
mours eſt vng aultre dard. Oultre les choſes q ſont
dictes delicieuſemēt z ſagemēt. Il me fault retour
uer a mon propos affin q ie puiſſe amener exemples
moralles. Premieremēt dido a eſte prinſe pource que

Dido et
Eneas.
Venus
Pasiphe
Semiramis
Demophon
et philis
Enone paris
dis.
Paris et He-
lena.

Venus par ses yeulx auoit donne les honneurs a son
filz eneas. Desquelz yeulx elle regarda follement a
imprudētement:pource que ses regars estoient fiches
en sa poictrine. Pasiphe fut prise en lamour du thou
reau. Semiramis du cheual. Phylis de demophon.
Enone de paris. Paris a helaine. Et plusieurs aultres quasi innumerables quilz seroient bien longues
a raconter. Finablemēt ceulx qui ayment meschāment
ment sont prins damours. Pource que imprudente-
ment et follement ilz ont regarde ce quilz ne deuoiēt
pas aymer:i sont prins au fil. Mais aussi pourquoy
est ce que au liuere doulde les seigneurs i dames se
complaignēt. Pourquoy est ce que les comedies i les
tragedies sont occupez par les lacz damours. Pours
quoy descripuent les hystoires tant des choses par re
gars imprudens i mal consideres des miserables
mortelz lesquelz sont prins et detenus par les lacz da
mours. Quel aultre fruict peust auoir vng homme
auaricieulx qui tout son temps a vescu en son auarice. Car il ne se peust ayder de ce quil a amasse. Non
plus que il ne se peust ayder de la paincture qui est cō
tre la paroy ou le mur. Que deuiennēt aussi les grās
pompes et honneurs royalles des roys:des ducz:des
comtes:et des princes. Les belles faces et formes
des femmes tant desirees et conuoitees. Sinon que
les yeulx insatiables si delectent et sen esiouyssent.
Monstrant ce que iuuenal dit. Que iamais cōcorde
de grāt beaulte ne se treuue pouit auecques chastete.
Or maintenant chescun considere et regarde cōment
telles gens sont folz qui en leurs lictz mettent les

painctures laides et ordes. Car celles qui sont ainsi sont dignes quon les appelle quasi femmes communes. Elles ont tousiours deuant leurs yeulx telles painctures affin que en beuuant et en mengeant elles ayent celles representations pour estre prouocquees et incitees a paillardise. Helas et q ceulx sont folz lesquelz decorent leurs femmes et leurs enfans oultre leurs estas et qualites. Car ilz leur baillent occasion destre meschans et perdêt leurs ames. Que ceulx aussi sont folz lesquelz quant ilz vont a leglise pour prier dieu comme ilz sont tenus parlet aux paillardes: ou aux femmes habillees trop voluptueusement offencent dieu q font ainsi comme silz estoient en leurs maisons parlant follement. Auxquelz la mort semble oymer aulcune chose auec phedra terention. Certainemêt cest la mort q perdition des ames Mais se le fol regard comprenoit toutes telles manieres de follies ce seroit sa premiere et prefaicte de la nef des folles et prendroit toutes les folles de ceste espece et seroit mestier que vne nef et grant nauire ou que la longue nef argonantique ou duing aultre capable a la barque de noe y fust pour mettre tant de folles comme il est auiourduy.

¶ Sy dit maintenant la patronne limitation qui sensuit.

¶ Imitation de la patronne touchant folle vision.

d

Quid tantū
stupida tra=
zitis pigra oc
cia mente
Italic ciues
ny. cytharea
ẞocat
Nunc florāt
silue : nunc
formosiſſi=
nus annuus
Omnia nūc
ẞenio preſto
õcare ſuo

ITalien tropeſtes eſbahys
Trop pareſſeuŋ de cueur et de penſee
Ne ſoyrs plus ie vous pry ſi oyſifŋ
Voſtre douleur eſt maintenant paſſee
Ordonneŋ vous mecteŋ du tout la peine
Doreſnauant fuyr opſiuete
Par chaſcun iour la paiŋ oŋ vous ameine
Oſteŋ courrouŋ: prenez ioyeuſete
Voicy ma harpe qui preſent vous inuite
Vous reſiouyr ce ioliŋ temps nouueau
Auſſi le boys verdoiant vous incite
Auec ſes fleurs ⁊ le chant de loyſeau
Qui iour ⁊ nuyt vous chante bien ⁊ beau

Destre ioyeuse suy mellentolie
A tous honneurs aussi douly quun aigneau
Deuez estre sans aucune follie
Laisses tristesse qui trop ses cueurs soucye
La grace des nimphes est venue
Auec deux seurs qui les hommes conuye
Pour eulx desduire a toute leur chair nue
Plus blanches sont que nest la clere nue
Tont par amour vng chascun les desire
Nesune nest maculee ne pollue
Leurs grans beaultes fait les amans desduyre
La deesse venus bien souuent si myre
Qui embrasse son amy le dieu mars
Quant elle tient nully ne luy peult nuyre
Pour la deffence quelle a de toutes pars
Le rosignol qui chante par ses ars
Si doulcement dedens le vert boscaige
Au moys de may en auril ou en mars
Lors resioupt des amans le couraige
Pareillement dedans le boys ramaige
Les pucelles quant ce vient au beau temps
Sen vont cueillir sans faire nul oustrage
Roses et fleurs comme par passe temps
Et vieillesse qui nest iamais contens
De ieunesse: donc nous fault remembrer
Chasse amours de toutes ieunes gens
Et ne leur fait toutes pars quen combrer
Vieillesse ne peut plus am ours nombrer
Car en tous lieux daymer est desplaisante
Et si ne les veult veoir ne rencontrer

Gratia cum
nimphis ge
minisq soro
ribus audet.
Consociato
ris ducere gau
da choros
Variabilio
me et
pta brachia
marti
Tendere: dū
questus fert
philomena
suos
Collige vir
go rosas dū
flos nouus et
noua pubes.
Et memor e
sto euum sic
properare tu
um
Ia subrupet
ieris etas nec
amar licebit

Nec gaudere | Car desormais elle a la veue pesante
bonis mors da | De soy resiouyr iamais nest contente
bit attalicis. | De nesung bien quon luy face na cure
Quid simile | Car triste est comme faulce a dolente
flauo crime | Par le regard qui de son oeil procure
tam contem | Adonc par la mort laide a obscure
pseris auro. | A folz amans donra guerdon amer
Quando ade= | Les perissans de tous biens de nature
rit betule for | Cest le refrain quon a de fol aymer
bida canicies | Que leurs seruiront ces beaulx creins luisans
An iuuenes | Comme or: quant vieillesse viendra
teneris nihil | Assauoir moult et se obeissans
est vincere la | Venus et cupido les tiendra
certis | Je ne scay pas qui les maintiendra
Cui venus a | Pour leur temps passer en ce point
veneris cura | Mais en la fin chascun en aura
cupido fauet | Son paiement et si en sera point
Exa age ru= | Despechez vous incontinent
pe moras im | Et si venez legierement
plent du car= | Car voelles sont pleines de vent
basa venti | Je lespere.
Atq; seconda su | Et nereis qui prospere
as nereis ad | Vous donnera comme pere
dit oues | Richesse grande et entiere
Ad veneris | A grans monceaulx
capos teneris | En ce lieu seront les corps beaulx
Bi pulchra | Et la viendront ces iouuenceaulx
puellis | Jeunes habilles damoiseaulx
Corpora iu= | Quel noblesse
gitur nostra | Venus damours la deesse
carina vehit.

Habillee en grant richesse
Et pucelle de haultesse
Si sont aux champs
Laon verra ces corps frungâs
Qui seront ensemble ioignans
Ainsi que sont ces vrays amans
A vic iopeuse
Pasiphe y fust amoureuse
Du thoreu et conuoiteuse
Qui fut chose merueilleuse
A concepuoir
Semiramis y feist deuoir
Aux champs chascun le pouoit vesir
Et le cheual a dire voir
Alloit apres
En ce champ sont les choses seures
De leurs amours et trop asseures
Et ny congnoit on nullement
Lequel va plus legierement
Amour est en ceste lande
Doulce benigne et grande
Et pour dire a brief parler
Tous ceulx qui y veullent aller
y trouuent choses delectables
Delicieuses et agreables
Et pour dire tout le surplus
Jamais napma ypolitus
Si beaux murs equins quil pa
Chascun le corps fetis pas
Aussi beau que ceres auoit

Illi pasiphe
tauro oble ⁄
ctat amato
Atqꝫ semira
mide côcomi
tatur equus
Illic qꝫ suo
secura potit
amore
Nec sentit ta
cito tempus
abire pede

Illic bladus
amor mollis
ꝗ proterua
curctis
Et vult° qua
les ardeat
hippolitus

Forma quibus/
ceris nõ est i-/
mitabilis vel/
lis

Non pinxo/
aut arti non/
medicamib9

Nil sãdix ro/
feo: nihil hic/
cerussa niten/
ti

Cõferat hic/
siquidẽ nasci/
tur omis ho/
nos

Purpureas q/
forte rosas z/
lilia iustis

Mẽsura:nu-/
mero: ponde/
re miscuerit

Luctaqz cal/
lueritzz zau-/
sis nouit vt/
artem

Cõmoda na/
tiuum sip si/
mularet op9

Iamais aultre chose on ny voyt
Les pucelles iamais fardez
Ny sont ne point medecinez
Helas elles sont sans reprouche
Et nest chose qui approuche
A cela sans nulle saueur
Car toute noblesse z bonneur
Et sans faulte aux champs de venus
Du tous les amans sont venus
En ce champ sont plusieurs delictz
Par mesure nombre et poix
Comme pourpre rosez et lictz
Assembles y sont plusieurs fois
Brief ce nest que delict de roys
Tant est le lieu delicieux
Qui nest que pour les amoureux
Mais celluy qui aura congneu
Toutes les choses prouffitables
De cest art que zeusis a veu
Estre propres et conuenables
Bien composees et notables
Ne pourroit oeuure naturelle
Faindre estre si bien ne si belle
Pourtant flexisses voydoulx yeulx
A ses dons si beaulx z plaisans
Quant les vens ne sont dangereux
Mais paisibles z non nuysans
A riens ilz ne sont empeschans
Approuches vous venez trestous
Pour veoir la deesse de tous

iii C

Jeunes pucelles mectez peine
De venir toutes au nauire
Venez tost la riue est prouchaine
Despechez vous car la nef vire
Tenez vous toutes dune tire
Il en est temps venez auant
Natendez pount soleil leuant
Je vous promectz que en densant
En trops iours les beaulx corps verrez
Cest vng plaisir moult triumphant
Car assemblez veoir les pouures
Les cueurs en ioye vous aurez
De veoir si belle compaignie
Qui est de venus la mesgnye

⸿ De ouyr

Pprouchez vous folles mondaines
Venez toutes hastiuement
Laissez regions et demaines
Pour venir cy presentement
Et vous orrez ioyeusement
Doulx instrumens et beau desduyt
Ne croyez vostre entendement
Tout nest pas or ce qui reluyt
Or venez tost a saufconduyt
Pour entrer en ceste gallee
Deuant quil soit demain mynuyt
Nous serons belle assemblee
Venez des mons et de vallee
Folles destranges nations
Affin que la nef soit comblee

Ergo petvs
oclos ad dul
cia manera
flecte
Dūꝗ vocāt
venti scande
puellas ca ꞏ
pham
Nō pcul est
port tribuo
pmipta cho
ris
Aurea spdes
reis corppra
conspicies

ex libris Stephani Ana

La seconde nef des folles

De trestoutes complexions
Venez recorder voz lecons
Et venez ouyr les doulcines
Des instrumens et des doulx sons
Que nous auons en noz cuisines
Et noubliez pas voz meschines
Voz chamberieres z nourrisses
Chascunes deulx sera bien dignes
Pour nous faire plusieurs seruices.

Pres que nous auős parle du sens de veoir
et des folles qui se delectent a follement re=
garder. Maintenant nous parlerons des
folles qui mettent tout leur entendement a ouyr

meschantes parolles opfeufes ꝑ non pas prouffita
bles:duquel felon le veoir font les forces ꝑ dons de   **Boetius**
nature.Mais côme dit Boetius.La plus grât partie
de beatitude eternelle eft en ouyr ꝑ eft leftat ꝑ aggre
gation de tous biês parfaictz.Car ceulx q̃ ont vefcu
en ce monde cy en retirant leur veue de vanite ꝑ ont
vefcu chaftement.ilz nauront pas feullemêt vne fin
guliere vifion de regarder:mais ilz chanteront vng
nouueau cantique.ceft adire vne nouuelle chancon
laquelle nulz auftres ne pourront pas dire ny enten
dre:ne auffi châter.Pareillemêt les faiges phfiles   **Aulus geli⁹**
phes nont point moins efcript de penfer de fobiection   **lib.v.ca.xv.**
douyr que de fobiection de la veue.Et pource dit Au
lus gelius en fon cinqniefme liure au.xv.chapitre.
Que vne foys fut faicte entre les philozophes vne
vielle ꝑ antique queftion perpetuelle.Affauoir fi la
voix a corps ou non:car le corps eft agent ou patient   **Lucrecius.**
Laquelle queftion Lucrece a voulu declairer ꝑ la def
cript ainfi et dit.que nulle chofe ne peult toucher ou
eftre touche fors vng corps.Les grecz diêt q̃ le corps   **Greci**
eft autremêt ꝑ q̃ l a triple dimention diftâte. Et les   **Stoici**
ftoiques vuellent dire q̃ la voix eft corps entant q̃lle   **Plato.**
touche lair.Platon ne dit point q̃ lair foit corps: car
quât lair eft frappe ꝑ touche ce neft pas la voix mais
ceft la voix que la percution.Touteffoiz la voix neft
pas fimplemêt la percution de lair:car le doid de n̄re
main touche bien lair ꝑ noftre voix ne le touche pas:
mais la voix ou fa percutiô eft fi grâde ꝑ vehemente   **Democrit⁹**
q̃ on foit.Democrit⁹ ꝑ epicurus diêt q̃ la voix eft du   **Epicurus**
corps non dinifees ꝑ lappellêt le fleuue des parolles

Et pource quilz sont plusieurs philozophes q̃ nous
auons ouyz q̃ tressubtillemẽt traictent de ceste matie
re et soyons aucun diuolument en telles difficultez
pour estre ferme ꝙ bien appartenant au regard de la
vie ou daulcune bõne fin. Nous pourrõs demãder a
vng philozophe sur tous les aultres philozophes nõ̃
me Eunianus neptolien qui dit. Quil appartient a
peu degẽs estre philozophe : car gaires de gens ne sen
veullent mesler. Aulcuns aultres philozophes ont
tant attribue et dõne par raison de musique q̃ est cõ̃
gneue par les sens de ouyz q̃ platon diuin philozophe
dit : que auy cieulx est vne merueilleuse armonie de
sons : et q̃ a chascun ciel ya certaine melodie dinstru
mẽs ou de voix. Et oultre plus il dit q̃ to⁹ les corps
ꝙ les ames ne pourroiẽt estre sans certains cõptes de
melodie de musiꝗ. Auecques ce no⁹ auõs leu q̃ tous
les maledes ꝙ mauluais esperitz se guerissent par le
son de musiꝗ. De laꝗlle chose a escript Aulus gelius
en son quatriesme liure. piiii. capitre. en disant. Plu
sieurs ont cuide et mis en leurs memoires que quãt
les Isquiaques sont biẽ malades que par larmonie
de sinstrumẽt de musiꝗ iay trouue au liure de Theo
phraste : que quant ont est mors dung serpent qui se
nomme vipere : et que on ioue doulcement de vne ty
bicine que le mal se part et en est on guery. A ce pro
pos dit Democritus au liure qui est intitule le liure
des bestes. ou la regle des choses raisonnables est
escripte. Que les hommes qui sont malades du feu
sainct Anthoine en leurs iambes. sinstrument des
tybicines les ont gueris. Ceste armonie a si grant

Eunianus

Aulus geli⁹

Theophra s
us

Democrit⁹.

affinite auɣ corps et auɣ penſecs des hommes quelle
eſt cauſe de guerir les corps malades. De rechief
nous pouons alleguer ce qui eſt dit au premier liure
des roys au .ɣ vi. chapitre. Que touteſſois a quātes
que le roy Saul eſtoit tormente du mauluais eſpe=
rit le prophete Dauid prenoit ſa harpe: et ſa portoit
deuant luy pour ſa toucher de ſa main: et en reſiouiſ
ſant Saul et luy faiſoit paſſer ſon mal a ſa rage. car
le dyable qui eſtoit en ſoɥ corps ſe departoit de luy
pour la penetracioɥ de la doulceur armoniaque quil
opoit qui eſt choſe incredible touchās les armonies
qui ſont auɣ eſperitz des opans qui leur donne vng
lieu remply de pluſieurs fables a hyſtoires. Car oɥ
dit que Orpheus en aulcunes hyſtoires poetiãs qui
eſtoit le plus ſumptueuɣ ſonnant dinſtrumēs quoy
peuſt trouuer. que il tiroyt des boys et des foreſtz a
ſoy pluſieurs beſtes ſauuaiges pour la doulce armo
nie quil faiſoit de ſes inſtrumens. Pareiſlement il
garda les riuieres a ſ leuues de courir, il tira ſa fem=
me hors des enfers a la miſt hors des mains de plu
to dieu deſer ſeloɥ les poetes a tont par le doulɣ ſoɥ
de ſa harpe. Laquelle choſe Orace en ſoɥ liure de lart
poetique dit par hyſtoire. Orpheus a eſpouente les
hommes ſauuaiges: a a eſte interpretateut des dieuɣ
par occiſions de gens. Et pourtant eſt il dit que Or=
pheus noiſoit les tigres et les lyons enrages. Sem=
blablemēt on dit ã par larmonieuɣ ſoɥ de ſa harpeil
aſſembla toutes les pierres de quoy oɥ feiſt toutes
les muraiſles de la ville et cite de Thebes laquel=
le choſe eſt ſaincte de poetrie. Car il contraignoit les

Orpheus

Oracius

maulnais hômes a leur côstructiõ z côcorde ciuile z
les admõnestoit a cõgnoistre raison. Sensuit apres
que amphion est appelle le conducteur de Thebes en
tant quil esmeust les pierres par le son de son instru
mēt z de doulces parolles z les menoit ou il vouloit
Mais arion dit quil a este prins z porte sur le doz dung
daulphin par la modulation dicelluy. De quoy Aulus geli[9] dit en son .x̃ vi. liure au chapitre. vi͂. Que
herodotus a escript sur la harpe dicelluy arion hasti
uement par oroison de voix vne fable en laquelle il
dit: que le noble chātre arion tresancien fut vng des
plus grans musiciens touchāt les instrumēs qui fut
oncques sur terre. Et fust natif de la ville methyme
nee en la terre z ysle de Lesbius: lequel arion fut tāt
ayme du roy dudit pays a cause de son art de musiq̄
q̄ iamais ne vouloit le perdre de veue: mais a cause
que il se veit trop subiect enuers ledit roy: ledit arion
se laissa z sen alla veoir les nobles terres de cecille z
de ytalie. Et quant il fut aourne es dis pays par les
dulx sons de ses instrumēs z de sa voix armonieuse
il endormit tous les cueurs et pensees des habitans
des citez: z villes de toute la terre. Et tant cõme il y
demoura fut en lamour z grace des princes et seigneurs desdis pays tellemēt quil acquesta grans tresors z richesses. Et quant il se veit assez riche il luy
print voulente de retourner a corinthe et se mist en
vne nauire sur mer auecq̄ues plusieurs matelotz de
la dicte ville de chorinthe desquelz il cuidoit estre biē
ayme: et se fioit en eulx: mais ilz le deceurent. Car
q̄ant ilz furent biē auāt dedās lamer les dis matelotz

lulus geli[9]
herodotus.

Boiāt arion auoir grans tresors ilz conclurent entre
eulx de le faire mourir pour auoir son argent. Et
quāt arion apperceut leur Boulēte il leur pria moult
doulcemēt quilz prinsent tout ce quil auoit et qͤ luy
sauluassent la Bie: ꝗ quil leur donnoit de bon cou rai
ge tout ce quil auoit: mais lesdictz matelotz nen Bou
lurent riens faire. et delibererent de le getter en la
mer: donc il fust Bien es Bay: car sors il perdit lesperā
ce de Bie. Non obstant ledit arion de rechief leur pria
par si doulces parolles que deuant quil mourust ilz
luy laissassent Bestir ses riches Babillemens: et quil
luy donnassent congie deuāt quͤ mourir de dire Bne
chancon et sonner de ses instrumens: affin que en la
fin de ses iours il eust cōsolation: laquelle chose les
dictz matelotz luy accorderent. Adonc quant arion
fut aourne ꝗ ceing de toutes ses richesses il mōta au
plus Bault de la Bune ꝗ print ses instrumens ꝗ com
menca a sonner si doulcement que grant multitude
de poissons de la mer se approucherent de la nauire
pour le son armonieux quil faisoit. En apres il se
print a chanter Bne chancon a Boix saincte si doulce
quil sembloit que ce fust Bne Boix angelique: et fust
appellee ceste chancon otrion. Mais pour quelque sō
ne chant qͤ feist lesdictz matelotz inBumains ne mue
rent oncꝗs leur propos. Alors quāt il Beit leur maul
uaistie a tout ses instrumēs ꝗ ainsi aorne comme il
estoit auecꝗs tout son or ꝗ son argent saillit dn Bault
de la Bune dedēs la mer dequoy ses matelotz furent
biē courroucees: car ilz perdirēt tout et cuydoiēt quil
fust noye ꝗ disoient quil estoit impossible q̄ iamais

il se peust saulner. Adõc se prindrêt a nager et a pfaire
leur bopage iusqs au lieu ou ilz deuoiêt aller. Si ad
uint a arion vng merueilleux cas: car vng daulphin
subitemêt q fut pres de là ou il se gecta se mist soubz
luy: et se porta sur son dos parmy toutes les vndes de
la mer: et se rêdit en la terre des laconiens sain et ioys
eup de corps et dame auec tous ses aorneruêz et tres
sors. Apres quil fut en ceste terre il se deliõera dal
ler a corinthe et se presenta au roy priande en lestat
qil estoit quãt le daulphin se portoit: et luy recita les
cas qui luy estoient aduenuz. Quãt le roy eut escou
te ses parolles il cupda quil se mocquast de luy si le
feist prendre et garder iusques adce quil sceust la ve
rite de ce cas. Si cõmanda le roy quon luy amenast
sesditz matelotz qui luy boulurent faire telle offen
ce et pour scauoir aussi si les parolles quil disoit esto
ient brayes. Quant les matelotz furêt benuz deuãt
le roy. Arion prit vng habit dissimule: et luy mesmes
les interroga deuãt le roy en leur disant. Que dit on
de arió du paps dõt vo9 benez: les matelotz q point ne
le cõgnoissoiêt dirêt qil estoit en la grace de to9 ceulx
du paps et qil passoit ioyensemêt le têps es billes et ci
tez de Italie et auoit acquis grãs biês et grã tresors
Mais ainsi quil se trouua sur la mer boulut passer
auecq9 no9 pour benir à corinthe a tout ses istrumês
et a tout ses richesses se gecta dedês la mer pquoy no9
cuidõs qil soit noie. Alors arion print ses habillemês
quil auoit quãt il se gecta en la mer: et le congneurêt
dont ilz furent bien esbahys et ne sceurent nper leur
mauuaistie. Parquoy le roy les punit grandement

et retint arion auecques luy pour son art. Depuis
apres long temps les lesbiens et corinthiens dient
que la matiere et argument de ceste fable est que le;
dict arion par chascun iour alloit veoir deux repre;
sentations darain:lune estoit vng daulphin qui por;
toit vng homme sur son dos:et lautre vne ydole qui
iouyoit des instrumens de musique. Aulus gelius
dit encores vne chose, merueilleuse darmonie et de
chantemens laquelle chose comme dit Plinius ꝗ ꝺ
mere. Armonie et chant signifie que cest vne fontai
ne laquelle nous represente vng homme saige ꝗ pru;
dent nomme Vlixes lequel estoupoit de cyre les ore
illes de ses compaignons quant ilz passoient par les
mers de paour que les seraines ne les endormissent
par leur chant. Et ne vouloit point que doulx chant
passast par leurs oreilles de paour de perir. Car doul;
cement chanter endort les gens ꝗ puis apres se noiēt
Omere en son.vii.liure dit:que Vlixes parlāt de cir
ces fille du soleil quelle nous admōneste ꝗ comman
de fuyr les voix des seraies leur doulx ꝗ armonieu;
chant. Pareillement leurs prez plains de fleurs:car
ce dit Cyrces. Moy suis celle qui ay ouy les voix des
seraines:et qui congnois leurs chans decepuans et
nest ꝗ moy seulle ꝗ puisse resister ꝫtre eulx:mais vo°
autres me liez estroictemēt aux cordes du mast de vo
stre nauire. Et si par aduenture ie vous commande
que vous me desliez alors vo° me lierez de plusieurs
liens plus fors et estroictz que ceulx donc premier
estoie liee. Parquoy vous aultres compaignons vo°
admonneste fuyr ceste façon. Entant que la nef est
                                          e ii

subitemēt approuchee par le cours des seraines en ce
ste isse perisseuse qui depuis nen a bouge. Car dieu
y a mis ordre a repos aux ondes de la mer: mais no⁹
qui sommes ses matelotz a qui boulons conduire ce
ste nef auons seue noz boesses a auons cōmence a ba
guer par la mer par ordre a de disposition des auirōs
Se sont ses doulx instrumens de musique les chās
armonieux a doulces parolles des creatures qui fol
lement sappliquent a mal escouter: a sont noyez das
bondāce de follies par follement croyre. Mais cōme
dit est deuant par Blixes iay icy endormy mes oreil
les par cire disposee en toutes les parties de mon en
tendement arreste les nauires par la force du soleil.
Et pour cesse cause se dist circes. Iceulx me lierent
ses piedz a ses mains lun apres lautre de tout leur po
uoir au mast de ladicte nauire: mais quāt ce bit que
nous approchasmes de lisse aussi loīg q̄ la boix pour
roit estre ouye du tiremēt des auirōs nous ouysmes
plusieurs boix qui no⁹ huchcrent en nous disant. O
Blixes tu soys le tresbiē benu pour la grāt gloire des
acorinthiens: nous te prions q̄ tu faces icy arrester ta
nef affin q̄ elle oye nostre boix: car iamais hōme ne
passa picy qui ne fust resiouy par la doulceur de no
stre chāt armonieux. Cest adire ceulx a celles q̄ sont
inuoques a prester louye a parolles doulces a sain
ctes dōt ilz sont deceuz en la fin. Quātes bonnes fil
les et femes sont abusees par doulces parolles pour
mal escouter. Aniourduy chascune se baigne: a sont
plus aises douyr a escouter choses desshonnestes tou
chant parolles ordes a infames quil ne sont de escou

ter la parolle de dieu: τ mieulʋ les retiēnēt. Aussi de
rechief noº ne ignorōs point q̃ veritablemēt les gretz
τ troyēs ont fait a Troye la grāt par la voulēte des
dieuʋ grandes et meruersseuses melodies de chans
dinstrumēs τ de voiʋ doulces. Oultre plus nous sca
uons bien q̃ ont fait ceulʋ de la terre saincte p leurr
voiʋ τ doulʋ chās: et moy q̃ estoie couuoiteuʋ douyr
τ veoir les doulʋ instrumēs estoie lye au mast de la
namre τ ne les pouoye veoir ne ouyr. si faisoie signe
de mes peulʋ quon me vint deslier: mais les matelotz inhumains: perimedes τ euriolochus se hasterēt
τ me lierēt de rechief de plusieurs lyēs q̃lʋ me firent
tant courir p la mer a force deauirōs q̃ on ne pouoit
plus ouyr les doulces voiʋ des seraines estans auʋ
ysles de corinthe. Mais incōtinent q̃ tous les cōpaig
nōs a q̃ulyʋes auoit estouppe les oreilles de cyre furēt destouppes, ilʋ me vindrēt deslier τ me laisserēt la
reposer. Parquoy cōme dit Seruius. Les sables des
seraines sont les folles femmes de ceste nauite: et
de ce miserable monde. lesq̃les ne prouffitent point
en leurs vies aulcun fruict de bon byulle. Car on ne
trouue point q̃ des seraines il en y ait eu q̃ trois vier
ges. Lune en ptie des oyseaulʋ de athesoy: qui furēt
filles selon les poetes des muses calliopes. dont lu
ne chātoit de sa voiʋ: lautre chātoit dung instrum̄t
nō metybie. et lautre de sa harpe. Et leur cōmence-
ment ou premier demourerēt sut au lieu on habitoiēt
les chieures de pelore. lesquelles faisoient par leurs
chans melodieuʋ perir les nauires. Cest adire que
cestoiēt paillardes publiques: lesq̃elles menoient

les paſſans a meſchāte pourete par les lacz damour
de luxure.parquoy on fainct quelles ont fait perir
les humains en mer.Ceſt adire en ce monde mor‑
tel.Et pource ĝ le ſaige Vlixes hayoit ce peche il les
deſpriſa ꜯ les fiſt mourir.Car ce dit ſeruius. Le chāt
des ſeraines ſont les paillardes ĝ meſchāment ſont
habandonnees a pecher.Et en teſte maniere le Virgi
le laͣlle choſe ic laiſſe a cauſe dune meſme ſentence.
Les nōs de ces trops ſeraines furēt ainſi nōmez ſelō
aulcuns.La premiere fut nōmee parthenope. lautre
leucoſie.ꜯ lautre ſigie. La cite de parthenope en print
pinier ſon nom ſoubz lepereur auguſte.ꜯ maintenāt
eſt appellee Napples:ceſt a dire cite nouuelle. Et ce
neſtoit a cauſe de proſpcite ie parleroie des enchante
mens de circes et de medee qui vſerent de ceſt art de
muſique par tel facon cōme eſt dit aux bucoliques
de virgile.Que les mettres ou chācons peuēt faire
cheoir la lune du ciel:mais affin ĝ on ne croye cecy
eſtre poetiĝ a ceulx ĝ nont point cōgneu les egyptiēs
magiques:ou ceulx ĝ ont eu vertu du tēps des apo‑
ſtres:ou a ceulx a qui il eſt prohibe ꜯ deffendu en la
loy des rōmains:ĝ ne mettēt point le grain des gens
eſtrāges en terre eſtrange. Il eſt tout notoire a vng
chaſcun cōe dit virgile.Leſperit eſt prins par enchāte
mēt.pource eſt il dit de noſtre ſeigneur. Soyez ſaiges
ꜯ prudēs cōme le ſerpēt:car quant le ſerpēt ſent venir
lenchāteur deuers luy il mect ſon oreille contre terre
et eſtouppe lautre de ſa queue affin ĝ ne ſoit enchan
te.Et quāt les ſeraines.ceſt a dire les tēptations de
luxure nous incitēt par leur doulceur nous deuons

eſtoupper noz oreilles de cire Vierge et aller a larbre
de ſa croix et conuertir noz oreilles a eſcouter ce que
diſt noſtre ſeigneur eſtant en la croix. Jay ſoif.ceſt
adire iay faim de vous ſauluer.Et côme dit lapoſtre
aux ebreux au.v.chapitre.aux iours de ſa chair luy
deuôs prier ꝗ ſupplier quil noꝰ vueille garder des tê
ptations de la chair et quil nous vueille ſauluer de
la mort ceſt adire de peche:mais pource ꝗ les ſeraines
ceſt adire ceulx ꝗ ſe delectêt aux deſictz de côcupiſcêce
ne vueſlêt ouyr ce prouffit de leur ſalut:mais eſcou
tent voulêtiers leur perdicion:ceulx cy deuſſent re
courir a tout grât reuerêce offrans pleurs au benoiſt
ſauluer:Mais ilz ſont trop inclins a ſuyuir la nef
des folles:dôc ſont deux manieres de folles entrâs
aux nauires de loupe.Car les vnes oyêt voulêtiers
choſes lucites et honeſtes:et les aultres oyêt choſes
illicites ꝗ deſhôneſtes illicitemêt ꝗ deſpriſent ce quil
deuroient ouyr.Et ceulx la ne font point moins de
mal ꝗ diêt les choſes qui ne doibuêt point eſtre ouyez
de nulz ꝗ ceulx ꝗ les eſcripuêt affin ꝗlles ſoyêt ouyez
Et en ces deux facons nous trouuôs ꝗ noz predeceſ
ſeurs ne vouloyêt pas ouyr la voix de ſaluation et
ont ouy plus toſt les damnables parolles du dyable
denfer ꝗ celles de dieu.Et oultre plus la plus grant
partie des folles de ceſte nef ſe baignêt a ouyr parol
les charnelles gêgleries:brocars:mocqueries parol
les ioyeuſes:mêteriez:detractiôs:blaſphemes.iurer
pariurer:et aultres choſes ſêblables:ꝗ culx meſmes
les dient:ou ſilz ne les dient ilz les eſcoutent voulen
tiers par moult grât deſectatiô.Et ſont au iourduy

sans fin lesquelz par leurs instrumēs de musiq sont
tirez ꝫ menez au pfont dēfer par leur desho:nestetes
ꝫ villaines parolles:cōme par chācons deshōnestes
ꝫ folles des folles amours lesꝗlles quāt on les oyt
chāter esmouuēt les gēs a peche.Pour laꝗlle chofe ꝗ
Bouldroit mettre en ceste nef toutes les folles ꝗ p le
peche du sens de loupe chafcū iour mettēt leur cueur
a follemēt ouyr:tous les Boys ꝗ onc̄s treurent fur
terre ne suffiroiēt pas a faire Bne nauure affez grāde
pour les mettre toutes dedās:car elles ny pourroiēt
pas entrer.Et affin que chascun puisse euiter ꝫ esche
uer le dangereulx peril qui procede de mal oɩ̃ yꝛ no⁹
orrons limitation nautique.

❡ Sensuit limitatiō nautiꝗ touchāt follemēt ouyꝛ.

O V eſtes vous mortelz de couraige
Gens ſouts approuchez vous viſtimēt
Venes venes ſaiſſes toſt de caige
Trop auez demoure longuement
Venes toſt ſi orrez doulcement
Le douly vent de zephire et ſes ſeurs
Qui vous attendent paiſiblement
Dedans leurs iardins tous plaũs de fleurs
Pierides incite voz cueurs
Que vous delaiſſez melodie
Mettes ius voz pompes et honneurs
Leſtat mondaĩ neſt que follie
Laiſſez voz chans ie vous ſupplie
Venez ouyr doulourculp ſons
Tous plains de mellencolie
Qui procedent de voz maiſons
En ſes iardins le douly vent ſans ceſſer
Dy ouyt ſouuent et les pierres froiſſer
Faiſans douly ſons quãt cheent du hault en bas.
Nully ne peut la grant doulceur penſer
Des inſtrumens que len veult compaſſer
Pour bien ſonner par mode et par compas
Chaſcun leans demaine ſes eſbas
De triſteſſe vng chaſcun na cure
Joyeulp ſont ſans auſcune murmure
Les oyſeaulp ſans mellencollie
Sont retournez en leurs douly chantz
Chantans a gorge deſploie
Doulcement par prez et par champs
Si douly ſons et ſi triumphans.

Ecce vocant
zephiri ſub a=
mena vireta
ſororum.
Pieriſq; la=
tus.
Murmure iũ
cũdo reſonãt
vbi ſaxa pe=
reſa
fluctib' aſ
ſiduis.
Et volucres
picte repetũt
pet gramina
notos. inge)
naoſq; mo
dos.
Quos neq3
ant thamy=
ras et methi=
neus arion)

Aequiparare	Que thamyras ne aussi thymnens
cheli	Ne arion comparer en nulz temps
Cedat thrai	Ne peurent a acheliz le surplus
cius nataus	Maintenant se doibt bien cesser
cantibus oʒ	De chanter se bon tracius
rheus.	Aussi se doibt bien reposer
Pindarceqʒ	Le musicien orpheus
syre.	Et la harpe pindaricus
Cedat q̄ am	Se taise aussi presentement
phion dirce⁹	Olimpus amphion linus
cedat olimp⁹	Sans iouer de nul instrument
Cedat a ipse	Il vous fault cesser terpandus
linus.	Et vous aultres ie vous promettʒ
Et cū terpā	Terpiscor ioppas crinitus
dro cedat cri	Ne iouez plus pour entremectʒ
nitus ioppas	Non pas vous musion: mais
Terpsicori	Tous instrumens de musique
qʒ fides.	Cessez cessez tous a iamais
Et thimotei	A cesta nul ne replique
cedant ʒ bla	Ne chantez plus dieu darchadie
da chironis.	Ne aussi la congregation
Barbita nus	Des tespiades hardie
digeue	Pareillement la nacion
Cedat et ar	Des liriques sans fiction
hadicus de⁹	La femme de sapho cessez
et patareus	Et que napez nulle action
apollo	De voz ars certes cest assez
Tespiadū qʒ	Et vous aussi ne chantez plus
chorus.	Eolides prudent et saige
Et syrici cū	Qui auez par bataille forclus
cti cedant ef	

Tous ceulx du ciel et le bernaige
Non obstant vostre hault courage
Et science taire vous fault
En ce lieu naures avantage
Je vous promettz sans nul deffault
Car vous devez trestous scavoir
Que parthenope & siluenus
De chanter font cy leur devoir
Pour lhonneur de la dame venus
De tout le monde sont cy venuz
Gens pour ouyr leurs armonies
Lesquelz en ioye ont tous tenus
Et ostez hors de melencolies
Triton la trompete des dieux
y chante moult tresdoulcement
Qui resiouyst les ieunes & vieulx
Pour le doulx son de linstrumet
Lequel melodieusement
Chante sur lebort de la mer
La mort de olydes vraiement
Telle noblesse on doibt aymer
Icy chantent les roys ignolectz
Merles & cignes qui sont si blans
Enseignant les doulx oyselectz
A leurs desduyre en leurs beaulx chans
Nature instruit bien les enfans
Mais si les fault il bien conduire
Aussi les oyselectz des champs
En leur caige il les fault duyre
Vous les verrez cy dedans deduyre
En menant vie immortelle.

mascula sap
pho.
Quicquid et
artis erit.
Ledat et eo
sides quatu
uis doctus
arma
Aete eietere
vitos.
Nã canit hic
toto mundo
gaudente si
lenus
Parthenope
qz nono.
Cātat et ipse
sua tritu sub
littore testa
Aeolide inte
ritum.
Hic moribus
dus holor qz
rulcqz canut
philomene
discipulasqz
docet.
Hic immor
tale poncans
gaudia vitã.

Cū sona car   Pour leurs chans en ce nauire
minibus.   Jamais ioye si ne fut telle
Proinde viri   Venez donc ie vous appelle
suaues: blan   Gens delicatz voluptueux
dum qz gen⁹   Approchez vous de la nacelle
mulieres.   Car cest vng lieu tressumptueux
Huc pperate   Approuchez vous legierement
citi.   Car nous voulons demain partir
Cras si cuz   Se nauons contraire le vent
zephiris non   Pour nous garder de despartir
dissonet vn   Se demain le pouons sentir
da secundis   Je vous promettz sans dire plus
carbasa strin   Que nous partirons sans mentir
xerimus   Auec le doulx vent zephirus.

Enez folles hastiuement
Qui odorez bonnes saueurs
Et portez en habillement
Robbes de diuerses couleurs
Venes apportez voz odeurs
Et voz pouldres de violettes
Venez venez mes bonnes seurs
Saillies toutes de voz chambrettes
Leans vous serez tenuz secretez
Entrez toutes en ce beau lieu
De fleurs serez toutes couuertes
Sur tout on doibt bien craindre dieu
Approuchez vous de toutes pars
Femmes tresodoriferantes
Plus saffres estes que liepars
Qui viuent de charongnes puantes
Pourtant si estes odourantes
Et en voz seins portez senteurs
Fines estes et decepuantes
Voz faictz le monstrent & voz cueurs.

Il est assauoir que le sens de odouter nest pas
moins de peche que cestuy douyr: come il soit
ainsi que ce soit chose merueilleuse de doubter
quil ne soit point licite de odorer fleurs : et aultres
choses odorantes. Et pource que ceste maniere de o-
dorer porte peu de fruict et de vtilite a toutes personnes humaines ie reciteray ce que dit Aulus geli⁹ en
son .xix. liure au .ii. chapitre du sens de odorer et des
aultres sens comme il est escript et dit. Les homes &
femmes ont cinq sens par lesquelz on charge volu-

f

pte tant au corps q̃ a l'ame. C'est assauoir gouster: tou
cher: odorer: veoir et ouyr. Et de tous ces cinq desq̃lz
on prent immoderemẽt est volupte laide mauluaise et
inique: mais celle qui procede de gouster et de toucher
est uinsi cõme ont cuide les saiges sur toutes les aultres
la plus orde laide et infame. Et principalement les
grecz appellẽt ceulx q̃ sont adõnez a ces deux vices
Bestiaulx libidineux paillars intẽperez et incontinẽs
Les deux voluptez cestassauoir gouster et toucher q̃
est adire prodigues en libidinitez: en morceaulx friãs
et fleurs de paillardise lesq̃lles seules sont aux hom
mes et aux femmes cõmunes auecq̃s les bestes. Et
pource ceulx q̃ ont ces mauluais vices sont ditz estre
du nõbre des bestes brutes: car ilz sont lieez en deux
mauluaises voluptez. Mais les aultres sens q̃ pce
dent des aultres trops sens sont seulement ppres
aux hõmes. Parquoy serõt icy recitees les parolles
du philozophe aristote leq̃l mect icy vne auctorite hor
rible et abhominable dicelles villaines voluptez lesq̃l
les il interpreste en ceste maniere et dit. Pourquoy est
ce q̃ nous appellons et auons de coustume de appel
ler iceulx inconstans qui sont surmõtez par volupte
dicelles choses toucher et gouster: car nous disons q̃
ceulx la sont incõstãs q̃ vsent immoderemẽt des faictz
de luxure et de ceulx q̃ se delectent et appetent menger
bõs frians morceaulx. Toutesfois ce nest pas vne
mesme chose: mais ilz esmouuent en partie la lãgue
par leur doulceur: et en partie la bouche. Et pourtãt
dit le philozophe pria dieu quil luy pleust donner ce
bien quil eust le col aussi long que vne grue: affin q̃

ceaulx qui defirent telles boluptez peuffent beoir leurs
eptes. Dōc si noz cinq sens sont cōmis:nous en bou
lons vser cōme les beftes cōmunes pour en faire tou
tes noz boluptez cōme ilz font:a no9 mefmes les def
prifons et difons q̄ icelles chofes feules quāt ce boy
ens eft vng mauluais bice. Et les appellons incon
ftās a intēperez:pource que il eft fait a caufe de la bi
ande q̄ eft conduicte de billaine a laide bolupte. Et
a loccafion quil font cinq fens de nature par lefquelz
nous fentons faire bien ou mal:a auons cōguoiffan
ce de beoir:ouyr:toucher:goufter:a odorer:dequoy
tous genrez de pechez font attraictz:nous chaiffons
quafi cōme les beftes muez ces deux fens de toucher
et goufter:car ceft a culx a qui ilz apppartiennēt: car
ilz font infatiables incōftās a intēperez en toutes cho
fes. Et ne fe delectēt point aux auftres fens de natu
re en nulle facon. Ou fe il fe delectēt ceft par manie
re de accident:car de la chofe q̄ ilz beoyēt ou fentēt ilz
fen efiouyffent vng petit. Comme le cheual quāt il
beoit fō adueine il cōmēce a hānir a fen efiouyt:puis
il la mēguft imoderemēt a fans raifon a bouldroyt
bië mēger tout en vne feulle gouffee. Et no9 q̄ fōmes
beftes raifonnables bouldōs faire ainfi a encorez pis
iufques a fufer du goufter a du toucher. Et puis aps
icelle mefme creature a parfaict a acōply celle mani
ere de cōcupifcēce a a laiffe les doulceurs a fuauitez
dicelles chofes. Ainfi cōme fouldeur de fa chofe fal
fee nous tourne a bonne faueur quāt nous en auons
affaire ou que nous appetons den menger. Quant
nous en fommes faoulz elle ne no9 fēble pas fi bōne

f ii

ne si souefue c̃me elle auoit fait par auãt. Et pource on dit souuent a toulon soul serifes sont ameres.
L'oudeur diune rose no⁹ est tousiours doulce ꝗ souefue: mais a la fin elle se passe ꝗ deuiẽt a mille senteur
Parquoy ie me esbahys cõme les creatures' humaines nõt aulcune hõte de prendre si grandes Voluptez
en boire ꝗ mẽger ꝗ sauourer qui sont attraimẽt de tou
tes Voluptez supurieuses les quelles sont cõmunes
aux porceaulx: ꝗ aux asnes cõme dit socrates. Plusieurs hõmes Vculsẽt biure affin de tousiours boire
ꝗ mẽger: ꝗ iamais ne Vouldroient mourir. Hyppocra-
tes qui fust plain de diuine science disoit de luxure ꝗ
aulcuns ont dit ꝗ cest Vne tresmauuaise ꝗ intermina-
ble maladie. Laꝗlle maladie ceulx de nostre temps
ont appelle caterre. Et pourtant l'homme seul est cel
luy qui peult estre deceu par odeur sensible. Non obstant ꝗl ny ayt pas tant de follie a tant de gens en o-
dourant cõme es aultres sens: mais pourtãt elle sẽ-
ble estre plus intollerable: car nous en Vsons quasi
pour nostre seule Volupte aux choses odoriferantes
ꝗ si nous en pouons bien passer. Toutesfois ilz pe-
chent en ce sens naturel cõme ilz fõt es aultres deux
manieres en odorant illicitement choses illicites ou
de mettre peine que les autres odorent illicitemẽt cõ
me nous auons mõstre au cõmencement de noz premiers peres et ancestres qui petherẽt en odorãt. Oul
tre plus ceulx de perse cheurẽt en ceste follie. Les ĩ-
doys et les rõmains lesꝗlz ne alloient soupper ne veoir leurs amyes quilz ne fussẽt oingz de precieux oit
gnemẽt cõe basmes tresodoriferãs: car en leur pays

sont plusieurs manieres de choses odorates et sõt ve
stuz et aournez de peceux vestemẽs et appetẽt sentir et
flourer bõ: et sõt p leur follie inclinez a odorer illicite
mẽt: et y prẽnent trop grãt volupte. Telles gẽs sõt in
cõstãs et intẽperez cõe il est escript au liure de sapience
ii.chap.ou il dit. Venez et vsez des biẽs q sont presens
tãdis q estes ieunes et vo9 rẽplisses legeremẽt de pre
cieux et bõs vins et de oignemẽs: et vo9 dõnes garde
q la fleur de voz auges ne se passe: et q ne trouues pres
ne iardins ou lieux plaisans ou vo9 ne getter vostre
re. Telles folies sont apppetees en ce nature q desi
rẽt et appetẽt tolz odeurs. Cõo publiqmẽt maintenãt
auiourduy on le veoit q plusieurs folz et folles por
tẽt senteurs sur eulx pour estre louez assi quõ disse qlz
sẽtẽt bõ: et affin qõ les desire cõe ceulx q portẽt mulcz
et aultres pouldres de violettes les quelz on sleure de
moult loig quãt on passe paupes de eulx. Et ne croy
point q ceulx q portent telz oudeurs ne soient punais
Parquoy ie9 reciterap cy vng exẽple de la fẽme dũg
duc cõme le recite le disciple a son prõptuaire laqlle
fẽme viuoit si delicatiuemẽt qlle ne daignoit estre
baignee de eaues cõmunes: mais elle faisoit aller ses
serniteurs to9 les matins cueillir la rosee du ciel par
my les prez et iardins: et en faisoit pparer ses baings
ses viãdes estoiẽt si delicatines q merueilles. Pa
reillemẽt son lict: ses robbes et vestemẽs estoiẽt si odo
riferãs de senteurs q cestoit tout bas mẽ q de ses sen
tir. Et cõe ladicte duchesse viuoit ainsi delicatiuemẽt
p le iugemẽt de dieu elle fut frappee de si grãt pueur
en son viuãt q nul ne pouoit porter sa puateur. Dõt

couint quelle fust habandonnee de son mary: et de
to⁹ ses seruiteurs excepte dune seule chãberiere qui
oncqs ne la voulut habãdonner:mais en nulle ma-
nierene luy pouoit administrer sõ boire ne sõ mãget
sans estre chargee de plusieurs espices biẽ odoriferã
tes sur elle.Et ainsi cõe elle couroit pour la seruir le
gieremẽt ladicte chãberiere,fut si esprinse de si grant
pũateur qlle trespassa en lheure:z ladicte dãe demou
ra seule zmourut de fain p̃ sa punition diuine pour
sa grãt pũateur q̃ nulle persõne nen osoit approucher.
Et pource telles folles oudozantes feront seules en
ceste nauire: de laqlle sensuit limitatton nautique.

¶ Imitattõ nautiq̃ touchant folle oudeur.

Enez folles incontinent
Et vous despechez vistement
Hastez vous toutes legieremt
Du deffault iauray presentement
Contre vous tous: car ie vous cite
Aussi le doulx vent vous incite
De venir tost veoir les doulx champs
Delicatz odoriferans
Viandes y sont delicieuses
Et plusieurs liqueurs amoureuses
Toutes choses nectes et pures
Singulieres ⁊ sans ordures
Sont leans en tresgrant honneur
Pour administrer a lempereur
Dynde le grant et le mineur
Tout ainsi comme ie lentens
Du pays des assiriens
La cynamome y est fleurant
Et le mirrhe odoriferant
Saffren y est de corincie
Et toute loudeur darabie
Et aussi tous bons oingnemens
Que main fait pour inconueniens
Pour guerir gens soir et matin
Qui par fortune de hutin
Sont blecez en aulcun membre
Et aussi ie me remembre
Quil ya des barilz de vin
De salerne qui est tresfin
Qui sont en tonneaulx divers

Accelerate vi
ris suaui dum
spus aura
Vos inuitat
agros vis ce
re odoriferos
In quib9 am
brosie redole
tia nascit ois
Mellifluus⸗
qʒ liquor ne
ctariusqʒ flu
it.
Quicqd ab
assyriis : de
nigris quic⸗
quid ab idis
vectat ad au
gustos phar
macopola do
mos
Cynoma
quod spirant
quod olet ci⸗
nteta nyr⸗
rha
et quod odo⸗
tus arabs : co
riciumqʒ cro
cum.

Et a toute heure sont ouuers
Toutes fleurs en habondance
Sont er ce lieu de plaisance
Comme basme τ aultres choses
Citrons violettes τ roses
Vermeilles et toutes fleurs
Sont au lieu de toutes couleurs
Croissans es iardins et es champs
Qui sont douceurs treshabondans
Le champ de son bon gre ne produict
Pour semer ne pour planter nul fruict
Mais certes saichez que sans ouurer
De soy preuient tout sans labourer
Cestuy champ rend les indigens
Bien fortunez et plains de biens
Ceulx qui sont poures loqueteux
Les fait riches et bien eureux
Hastez vous donc femmes mortelles
Qui trop auez sceu de cautelles
Approuchez vous de ce nauire
De paour que le temps ne sempire
Ie tiens nostre voelle de court
Car iespere au vent qui court
Que ceste nef ira granterre
Pour plustost demain prendre terre.

A Pprouchez vous femmes folles
Qui en gouster vous delectez
Venez ouyr mes parolles
Et toutes bien les entendez

Smelaquod
fragrāt ma-
nib⁹ fragrāt
tractata
quod oē
vnguētum:
de fracto fu-
sa falerna
cado
Bolsama
quod spirant
redolēt quod
florea rura
Quod citrus
de viole pur-
pureeq̃ rose
Hoc ager hic
nullo pducit
spōte ferēte.
Hocq̃ aduē-
tātes indigi
tesq̃ beat
Ergo citi
ntam mortu
les scandite
nauem
Hoc vēto op-
tata cras po-
tiemur hūo.

Affin qua bonne fin tendez
Sans faire au soir ne au matin
Les bancquez ou trop despendes
Qui bien vit vient a bonne fin
Naiez point doncques le cueur si fin
Que ne soyes sobres de bouche
Cest deshonneur que trop boire vin
Et a femmes villain reprouche
Le cas cy plusieurs folles touche
Qui sen pyrent come pourceaulx
Et nont certes ne sict ne touche
Tant menguffent de bons morceaulx
Leurs robes ne sont que lambeaulx
Tant sont habandonnees aux copins
Chascun iour on les veoit a troupeaulx
Aux cordeliers z aux iacopins
Folles femmes monstrent leurs tetins
En bancquetz z noceps et festes
Donc trop souuent il sourt grans hutins
Quilz ne se veullent monstrer honnestes
Pour gaudir ilz sont tousiours prestes
De bancqueter en plusieurs lieux
A comparer les veulx aux bestes
Qui ont les cornes entre deux yeulx

Aulus geli⁹

A Dlus gelius nous a ia parle cy deuāt q̃ ceſt
en partie de gouſter: mais il dit de rechief.
Que le ſens de gouſter eſt beaucop plus cor
porel que les aultres ſens deſſuſditz ꞇ nous eſt plus
neceſſaire pour noſtre bie ſuſtenter. Car il npa beſte
au monde qui peuſt eſtre ſans ſes ſens de gouter et
de toucher: car anſtremēt ſon nourriſſemēt luy ſeroit
nupſible: et pource le ſens de gouſter eſt vniuerſel a
toutes creatures q̃ ont ame. Et eſt vne treſſabādon
nce follie de to⁹ ſes cinq ſens de nature: Et pourtāt
le p̃iloſop̃e ſouc ſobriete: pource dit on vulgairemt
q̃ neſt pas a deſpriſer: mais it dit q̃ on ſe doibt dōner
en garde deſtre trop ̃abādonne a ſa bouc̃e laquelle

est ampe du ventre leql est cause de toute luxure. Il
est escript en lecclesiastiq.xpi. Que vin beu a exces
est amercume a lame: ꝛ si est ꝯtraire a la vertu de cha
stete. car quāt le vētre est rēply de legier il esmeut lu
xure. Et sainct pol dit. Ne vo⁹ enyures point par vin
auql est luxure. Cest a entēdꝛe q̃ le vin eschauffe et
esmeut le corps a cōmettre luxure. Et toute psōne q̃
se delecte nest point saige. Vnde ꝓuerbiorū. Le pesche
de gloutōnie est deffendu. car dieu se deffendit a adā
qui mēgea de la pōme cōtre son vouloir ꝛ cōmēdemīt
Et pource est il deffēdu de cercher trop grant supers
fluite de friādises ꝛ de viādes delica tiues a les pre
parer tropt delicieusemēt:car cest grant pesche: mais
quāt auscun a fain ꝛ il se delecte en sa viande ce nest
point de pesche: car cest chose natutelle qui conuient a
toutes bestes. Sainct Hierosme dit: q̃ gouter choses
choses delicieuses sōt les voisins du vētre. Et pour
tāt esse ce q̃ dit ce douly ꝛ egypraine q̃ on dit q̃ virgile
feist. Garde toy bien q̃ tu ne soies trōpe par le vin et
pour lamour de luxure. Car le vin et luxure nuisset
lung a lautre. car quāt on prēt du vin immoderemēt
ꝛ sans attrēpance il esmeut incōtinēt le couraige des
hōmes a toutes meschanstetez ꝛ voluptez mōdaines
laquelle chose no⁹reciterōs ꝛ declarerōs plus a plain
en la nef ensuyuant. Ezechiel dit sur ce passaige au.
xvi.liure. Voy et regarde que orgueil a este la destru
ction et mauluaistie de ta seur sodome par la grant
habondance de pain et de vin de quoy elle fut sacus
see. Et par son opsiunte elle fut toute destructe. Et
pour toutes conclusions innumerables mortelz sont

Ecclesiastiq
Amaritudo
anime vinū
multum po
tatum.

Sctus paul⁹

Hieronimus
Vnde vētri
mero reple
tus de facili
spumat libi
dinem.

Ezechiel.

Adam
Eue
Loth.

côtenuz en ceste nef.Premieremēt noz pmiers parēs
et est assauoir eue ꝗ adam:entāt ꝗl leur estoit defen
du le goust de la pōme.Secondement Loth sen pura.
Tiercemēt les filz disrael ꝗ ne se Boulurēt côtenter
de la māne que dieu leur enuoya au desert.Quarte∫
mēt ꝗ affiñ ꝗ ie laisse ce que on peult dire des aultres
Tous ceulx ꝗ ont prins plaisirs ꝗ Bolupte ꝗ dient ꝗ
leur souuerain bien cest la chair disant que le Bentre
est leur dieu ont prins ꝗ prennēt les parolles ꝗ meurs
des epicuriēs.Touteffois cōme ainsi soit ꝗ le philō∫
zophe Epicurus eust este noble amateur de pouurete

Epicurus.

Aulus geli⁹
et de fragilite lequel seulemēt se côtenoit de menger
des choux a son repas.Car cōme dit Aulus gelius.
La Bolupte laquelle il a dit estre le souuerain bien
est dit estre labbit côstāt du corps.Par quoy seneque

Seneque.
dit en ses epistres ce beau mot de epicur⁹. Tu Beulx
faire ꝗ epitoclas soit riche on se doibt retirer de con
uoitises ꝗ non pas luy bailler pecunes:car il dist.Ie
loue Boulētiers ꝗ ay en ma memoire les nobles dietz
de epicurus:affiñ ꝗ ceulx qui sont induitz par maul∫
uais courage Biennēt a ses dietz.lesꝗlz ont bien pouoir
dhonnestete de descharger leurs Bices.Et croyēt que
en quelque lieu ꝗ on Bueille Biure:il fault Biure hō∫
nestemēt.Et quant ilz orront ꝗcelle chose ilz Berront
es ꝑties ꝗ plaisans iardins ce qui sensuit. O toy hō∫
ste ꝗ Biēs cy en nostre iardiñ tu seras bien en cestuy
lieu.car icy est Bolupte le souuerain biē:le maistre de
la maison sera appareille de toy receuoir ꝗ de toy he
berger.Et dōnera habondāce de eaue ꝗ de Boullye:et
dire tu soye le tresbien Benu icy.car il dit que ces iar

dirs ne esmouuent point a auoir faim ne soif: z npa
nul appetit de boire ne de menger:mais se appaisent
par vng gracieux remede naturel parquoy ie me es=
merueille de ceste volupte et maniere de viure qui ne
prengnent de ses desirs nulle consolation : auquelz
il fault donner aulcune chose affin que ilz defaillēt
car il fault licitement differer dicelles choses extra=
ordinaires z aussi est licite de les chastier: car icelle
volupte naturelle nest pas necessaire z nen doibt on
riens faire sil ne plaist a ceulx qui le cōmettent et se
font:z ce il se font cest leur plaisir z voulente.Le vē=
tre ne oyt ne si ne voit ponit:ne ne demandent aul=
cuns enseignemēs:il ne resemble pas a aulcuns cre
diteurs qui presentent tristement z non pas de bon
cueur ce quilz doibuent.Mais le ventre est tousiours
prest et appareille a faire de luy ce que on veult et se
laisse aller pour peu de chose:et recoit tout ce quō luy
veult bailler.Et de ce dit Seneque:qui auroit sobri   Seneque
ete quon la doit tousiours garder:touteffois ceulx q
sont venus apres les philosophes ont supui la volu
pte du corps cōme nous auons dit en la nef de dessus
Que le philozophe Polipcnius requist aux dieux qlz   Polipcnius
luy feissent auoir le col aussi long comme vne grue
affin quil fust plus longuement a aualler vin vian
de z aultres voluptez.Orace dit en ses epistres.Que   Orace
les epicuriens mettent grant oeine a viure delicati=
nemēt en disant ainsi de soy.Ie vous prie quil vous
plaise prendre la peine de me venir veoir : car ie suis
gros et gras et nect:iay la peau de la chair clere et pu
re:et tu auras voulente de rire pour la compaignie

g

des porceaulp des epicuriens.Dr sont maintenät in
finiz humains qui sont de la maniere de viure com
me cestuy pourceau:lesquelz ne pensent ne ne songët
aultre chose en veillant ou en dormant sinon viure
delicieusement.Cest assauoir comme ilz pourröt fai
re appareiller les bös morceaulp par lesquelz on puis
se auoir bon appetit de menger.Saches pour vray q
la gourmandise de telles gens est insatiable.Et ad
ce propos dit Juuenal.Voyez et regardez cöme gour
mandise se delectent a menger pourceaulp sangliers
bestes cruz en ce monde pour les gourmans.Et ne
söt pas tät seullemët les riches en ceste nef:mais plu
sieurs poures lesquelz besongnent en grant peine et
labeur de leur corps toute la sepmaine z aniour du di
menche quilz se deussent reposer il despendët tout en
gourmandise.Et dit encores iuuenal:quilz sont aul
cuns qui en gourmandises despendent tous leurs bi
ens z en yurongneriez.Dng docteur henry de venua
ria dit.Que quiconques sen yure ou epede la mesu
re de boire z de menger et le fait auecques propos de
libere il peche mortellement par autant de fois qhil
le fait.Le peche cy de gouster sappelle crapulle.Et
pource dit leuangile.Gardez que voz cueurs ne soiët
greuez en crapulle et yuresse:car le cueur est noye : et
en est abolie la memoire et desront le sens de la pen
see:confont lentendement esmcut a lupure:nuyt a
bien parler:implique les parolles:corrompt le sang
obteneb:ist la veue:perturbe les veinez:oste la force
des nierfz:assourdist les oreilles:trouble les entrail
les :subnertist la personne:amoitist le cerueau:röpt

Juuenalis

Henry de Vr
nuaria.

ſe dormir:debilite tous les membres : abrege la vie
empeſche oraiſon:les vertus et toute bonne opera=
cion. Item ſalomon dit:que la ioye du corps ꝗ de la **Salomon**
me eſt quant len boit du vin moderement ſans expces
ſobre boire eſt ſante du corps et de lame. Sainct pol **Sainct pol**
dit que ſes purongnes ne poſſederõt point le ropaul=
me de paradis ſil treſpaſſent impenitens. Sainct au **Auguſtinus**
guſtin dit:que celluy qui contraint aulcun de boire
plus quil ne doibt affin de ſenyurer: quil luy vaul=
droit.mieulp faire vne plaie au corps ſde luy: quil
tuaſt ſon ame par purongnerie. Le peche a eſte nuyſi
ble a pluſieurs et nuyſt encores. Comme il appert
par epemple. Car ſa royne iudich enyura holofernes **Epemple**
et luy trencha ſa teſte. Pugnition diuine et maladie **Holofernes**
maluaiſe vindrent au maluais roy Balthaſar en
vng.grant diſner quil fiſt en ſa court ainſi quil eſt
eſcript.Danielis. v.capitulo. Amõ qui auoit deſpu **Amon**
celle ſa ſeur thamar fut tue de ſon frere abſalon en
dignãt.ainſi quil eſt eſcript au ſecõd liure des Rops
Les filz et filles de Job furẽt occiz en dignãt chieup
ſeur frere aiſne. Pareillement les philiſtiens firent
vng grant diſner en la ſalle ou ſanſon fortin eſtoyt
lie en vng pillier du milieu de la ſalle : lequel feiſt
tomber ſa ſalle ſur eulp ꝗ tua troys mille perſonnes
La teſte de monſeigneur ſainct Jehãn baptiſte fuſt
preſentee a Berodes ſur ſa table. Le filz prodigue diſ=
ſipa tous ſes biens par gourmãdiſes et luxures. Le
peſerin vendit ſa robe pour boire ꝗ pour menger: dõc
mal luy en print. Pluſieurs aultres epemples ſont
qui ſeroient trop prolixes a mettre cy. Et pour eulp

g u

La quinte nef des folles

qui sont entachez de ce vice sõt inuitez a ceste nef par
inuocation nautique: et par follement gouster.

¶ L'imitation nautique tou
chant follement gouster.

Digraculê p
eres : o sars
anopalita
roles
Corpora sõ
o iam reses
are decet

O Vous cheualiers paresseux
Menant vie sadarpalique
Leuez vous du dormir oyseux
Il est temps que chascun sapplique
Pour demener nouueau practique
Leuez voz corps ne dormez plus
Chascun de vous icy replique

Faictes vng saultet leuez sus
Car le tresdoulx vent est venu
Qui vous inuocque dapproucher
Autant le gros que le menu
Pour dieu vueilles vous auancer
Et vous verrez cy commencer
Les bancquetz de lagent gourmande
Lesquelz on ne peult appaiser
De mille sortez de viande
Et pource ie feray demande
Saucun a point veu en bancquetz
De la pitance bien friande
Donner aux dames et perruquetz
Car oncques on ne veit de telz metz
Aux bancquetz de lucullius
Nen feist on pas tant dentremetz
A ceulx du noble vitellius
Ne aussi anthonius
Qui en feist tant de si sumptueux
De tous ceulx brief ie conclus
Qui ne furent point telz ne par eulx
Nul nen veist oncques de si ioyeulx
Sil na este trop imbecille
Si triumphans ne si precieux
En chasteau bourg cite ou ville
De quelque facon ou stille
Viande ne fut si proprement
Habillee ne si vtile
Quelle sera si presentement
Celle du pape pareillement

Ecce vocant
molles reg
na ad letissi
ma.
In quib' irri
tant fecula
mille gulam
lucilli cenas
sil at pati
nas q̃ vitelli
Nec non an
thoni prodig
prisca fides.

Fercula pon
tificii nemo:
aut. epulas
saliorum.

g iii

En nulle riens elle ny touche
Ce nest pas a comparer vraiement
Pour en mettre dedans sa bouche

Iactet et al-
banas cesari
esqz dapes.

Aussi seroit vng grant reprouche
Qui loueroit celle des saliens
A comparer ne dune mouche
Ne a celle des albaniens
Pour vray dire ce ne seroit riens
A comparer a celle que ie ditz
Ne a celle des cesariens

Iam patina
esopi cedat.
iam supus a
pici.

Lesquelles ie blasme par mes dictz
Cy ne fault faire nulz cōtredictz
A la viande imperialle
A esopus ne a ses esctiptz
Qui fut viande magistrale
Iamais en chambre ny en salle
Encores tout nest a estimer
A paillardise fatalle
Que apicius voulut auoir
Ne aussi nest pas a conceuoir
Les luxures des ptholomees

Et tholome
orum prodi-
ga luxuries.
Iam sua cā-
pani paccant
conuiuia poe
nus.

Qui tant prodigues furent pour veoir
En leurs temps z bien renommees
Pareillement ceulx cy nommees
Ne les viandes des champenoys
Ne de poenus tant blasmees
Ne aussi celles des nobles roys
Ne de medec qui par desroys
Confist viandes moult diuerses
Pour empoissonner comme ie croys

Ses ennemys et contrquerses,
Vaines viandes tresperuerses,
Denierent les nobles et gentilz
Par subtilz moyens (comuerses
Par ambicion donc sont priz
Ne parlez plus gens de tous priz,
Des bacquetz disner nesoupper
Qui furent iamais faictz ne estuz
Par les poetes per ou non per
Nul ne se peult toucher ne frapper
A ses metz qui sont par trop plaisans
La cause est de paour dattrapper
Viandes qui au cueur sont nuysans
Les metz sont gorrieres triumphans
Nul nest trouue en lescripture
Si sumptueux ne bien disans
Tant soit de vielle stature
Qui nait corrumpu nature
Estans ainsi comme iecrops
En ses bancquetz par gouuerture
Du en iardins forestz et boys
Nous auons les viandes des roys
Le desiuner et gouster des dieux
Dequoy nous vsons souuentesfoys
Rieus ne nous est plus delicieux
Aussi sommes auaricieux
Des vins quauons aromatifz
Que nous gardons en lieu precieux
Qui sont clers purs et frigoratifz
Cest vng breuuaige aux dieux prestz

hic nictida:	Qui dambrosia est compose
hic dubia est	Auecques nectar nect et puriz
hic est sautis-	Cest vng breuuaige bien impose
sima cena.	Le soupper que auons propose
Dmib° abs-	Il est moult douly z aggreable
qz vllo parte	Il est ample et bien dispose
sabore gulis	A toutes gens est delectable
Jappʒt huic	Chascun peult venir a sa table
epaso se forte	Sans auoir nul soing de gaigner
vocatus ad-	Nul n y paie denier ne maille
esset, d° an	Ne na pein e de besongner
	Tous ceulx qui desirent compaigner
Diseret Jce-	Si doibuent inuocquer iupiter
tu tassauoy	Pour faire la feste sans soigner
Seo… ceua	Le faisant venir du hault ether
que celebʒ	Affin donc de luy manifester
Donec:sum	Que la chose seroit bien faicte
qʒ celeb…	De faire bancquetz z bancquecter
h sʒmetit	De telz bancquetz quon fait en crete
tʒ… Lʒgʒt	Leste chose tiendroit secrete
d sʒmetit…	Quant il auroit veu sl plaisans metz
siᵒ sʒ…	Quil oubliroit la vose droicte
hic sʒmᵒ	De sen retourner a tousiours mais
Ego quid a	Et diroit que a son grant palais
status stupi-	Nauroit point veu de telz viandes
di:penetrate	Comme cy a pour entremetz
phaselum.	Plus delicates ne plus friandes
	Venez donc ie le vous commandes
	Entre vous qui estes tant trauailliʒ
	Venez de toutes pars et viudes

Approuchez vous grans et petis
Venez venez soyez ententifz
Que faictes vous la ou vous estes
Vous estes trop lasches et chetifz
Aux iours ouuriers ꝗ aux festes
Venez tous vous rompes voz testes
Approuchez et faictes cy vng cours
Mes gentes mignongnes honnestes
Qui sans riens faire vses voz iours
Despeschez vous ne soiez sours
Aussi bien lhomme que la femme
Saillez toutes hors de voz cours
Venez tous aprendre ma game
Car se dieu plaist ꝗ nostre dame
Iay esperance que nous prons
Lassus au glorieux royaulme
Et en trois iours nous nous verrons
Et la vne grant chiere ferons
En ses doulx bancquetz delicieux
Du iamais nul mal ne penserons
Mais serons humbles ꝗ gracieux
La sont gens frisques ꝗ ioieux
Qui nont iamais nul pensement
De nul peche mais curieux
Ilz sont de viure sobrement
Pourtant venez apertement
De tous estatz ie vous supplie
Venez ie pars presentement
Nous auons le bon vent sans pluye.

Du sens de toucher

Ecce aduenit
ho̅ris regnat
beata tri̅ita̅

Uenez folles a ceste foys
Lanef est preste entendez vous
Despeschez vous certes ie croys
Qua ceste heure partirons tous
Entrez voicy la nef damours
Dentrer apres pourrez saillir
Venez tost acourez le cours
Reculer fault pour loing saillir
Aprouchez vous venez cuillir
Roses et fleurs en ce nauire
Venez tost toutes assaillir
Ceste nef auant quelle vire
Venez donc: car si le vent vire

Nous pourrons aller aultre part
Du il ne nous tiendra de rire
Chascun de vous si ayt regard.

LE cinquiesme et dernier sens de nature est
toucher lequel est cōmun a toutes bestes du
monde: τ est disperse quasi par tous les mē
bres du corps. Et daultant quil ya plus grant volu
pte de tant ya il plus grant dangier. Car la derniere
ligne et fin damours est consummee en cellup sens.
Par quoy selon donatus sont cinq lignes damours.
Cest assauoir veoir: parler boire: et menger ensem
ble: baiser et toucher. La premiere ligne est regarder
du coing de loeil. rire. diuiser. iectes oeillades de tra
uers: et puis se cōdescendre a la chose: lequel sens est
donne a plusieurs sans les aultres. La seconde ligne
est trouuer opportunite de parler par doulces τ souef
ues parolles: parquoy sont ouuers les desirs du cou
raige et de la pensee. La tierce ligne est boire τ mēger
ensemble: et banquecter en secrect. La quarte est baiser
laciuieusement. La quinte est cohir et acomplir le de
sir charnel: laquelle chose doibuent bien scauoir les
dames et bourgoises de ceste ville: et toutes les au
tres en general. si les cinq lignes ne sōt pas vraies τ
croy qilles en pleroiēt mieulp q moy: car elles nen sōt
pas ignorātes. Pour laqlle chose touchāt le premier
sens de veoir onpeche principalemēt quāt le desir de
cōcupiscēce y est: secōdemēt en ouyr: tiercemēt en gou
ster. quartemēt en oudourer. qntemēt de toucher. Et
de toꝰ ses cinq ses q sōt enchainez ensēble on puient a
peche mortel. parquo y les bestes sōt icitcez a choir de

paillardise par le sens de toucher:et principalement
par le sens de gouster:car par habondance de boire et
de mãger on esmeut luxure.Pourtant esse q̃ Virgile
dit en son epigranie. Dõne toy bien garde que tu ne
soies deceu de trop grant amour de vin q̃ de luxure:
car le vin q̃ luxure nupsent en vne mesme maniere
La luxure debilite nature:et aussi labondãce de vin
debilite lhomme et la femme q̃ retarde le chemineur
lamour aueugle:cõtrainct cõfesser a plusieurs leurs
secrettz:et la personne pure aussi les descouure:et est
la cause pourquoy cupide dieu damours demande
souuent la bataille.Pareillement Bachus le dieu du
vin prouocque les mains des hommes a noise q̃ ba/
taille.Et Venus la deesse damours perdit perguame
la cite de Trope la grant.Et aussi le peuple de lapi/
thas par son puresse perdit la bataule en Thesalle
encõtre pachus:et la ou les centaures occirẽt tout le
peuple.Finablemẽt comme il soit ainsi que lung et
lautre vice ayt mis les cueurs q̃ voulentez des hom/
mes et femmes en fureur cest la cause pourquoy les
humains qui ainsi sont contaminez ont perdu toute
hõte et proudõmye.Et pource on doibt corriger luxu
re et le vin par syens:le vin par leaue.et luxure par
grant peine ce labeur:et souuent faire abstinence de
boire et de mãger:q̃ vous dõnez en garde que lung et
lautre ne vous puissent deceuoir par leurs offices.
Le vin appaise la soif:et venus appaise la chaleur de
la chair en procreation:mais excercer telles choses
iusques a la fin nupsent. Et en ce passaige monstre
Virgile que lusaige de luxure q̃ du vin est necessaire

Virgilius

car le vin est pour appaiser la soif: z luxure pour a=
uoir lignee: mais il est nuysible den mal vser: et en
vient grans discors: car la principalle cause de la de
struction de troye fut pour la luxure de paris a hele=
ne: lequel la rauit. Et le peuple de lapithas pour leur
puronguetez furent tous tuez des centaures. En ce=
ste nef sont les filz z filles de dieu qui ont peche par
luxure et nont point fait dabstinence de la chair: par
quoy psidore dit queabstinence surmonte la chair: re
fraint luxure. z saoulle les aultres vices. Len ne
peult bien vaincre les temptations sinon par ieunes
car ieune eslieue nostre pensee a dieu en deuotion: et
si augmente les vertus et le loyer eternel. Abstinen=
ce est tresutile a ceulx qui la font. Ainsi quil est es=
cript aux hystoires de la bible au .xiii. chapitre du li
ure des iuges. que lange de dieu sapparust a la fem=
me manne brahapue: a laquelle il commanda quel=
le ne beust point de vin ne de spdre et quelle ne men=
geast point viandes inmundes et quelle auroit vng
filz et ainsi fut fait: car elle enfanta Sanson fortin

psidorus

Exemple

vng aultre exemple en listoire de la bible au .xx. cha
pitre dudit liure des iuges ou il dit que apres que les
filz disrael eurent ieune et ploure ilz combatirent les
enfans de beniamin et eurent victoire. Pareillemet
il est escript au tiers du liure de ionas que auat que

Ionas

ceulx de la cite de niniue ouyrent que leur cite deuoit
estre destruicte pour leurs pechez ilz ieunerent tous
grans et petis: et se vestiret de poches z mueret leurs
mauluaises vies: et dieu eut pitie deulx: z leur par
donna: et fut leur cite gardee de mal. De rechief sot

b

en teste nef les filz disrael q̃ allerẽt beoir les filles
des moabites. Dauid ꝫ ses filz: aussi les sodomittes
ꝫ leurs boisins et plusicurs aultres q̃ les bouldroit
tous cy mettre par escript: lesquelz sont maculez ꝫ en
taichez de ce sens pour les bouloir tous faire entrer
dedens ceste nauire: il nest si pfonde mer qui la peust
porter tant en pa. Pareillement par se sens furẽt au
cuns qui boulurent bioler lucresse: les deux bieil=
lars boulurẽt bioler susanne: ꝫ mille aultres. Car
cõme dit plinius. Nous pechons par innumerables
manieres en ce sens et par tous noz membres: car en
toutes les aultres bestes du monde il ya moderatiõ
charnesse en leur cohabitation: mais il nen ya point
quasi en lhõme. Messaline fẽme de claude cesar cuys
doit q̃ ce fust bictoire royalle q̃ dacõplir beaucoup de
foys le coßir de toucher de supure: pquoy elle esteust
en la bataille de benus bne tresnoßle cßäberiere mer
cennaire ou cõmune: ꝫ la surmõta tãt de nupt que de
iour tellemẽt q̃lle acomplist le peche de supure. xv.
foys. Dequoy dit Juuenal en sa. vi. satire q̃ quãt el
le fut lassee des hõmes: ꝫ q̃lle en eut en habondance
encores ne sen boulut pas aller. Et pource quil ya si
grãt impetuosite de supure aux humains les poetes
ont faint que les dieux sont adulteres. Et selon Ju
uenal les pmiers pechez ont este paillardise ꝫ dit en
ceste satire que paillardise a excuse le se ũõd aage dar
gent. Et pourtãt neus orrons limitation nautique
laquesse nous ne debuons pas ensupuir.

⁋ Imitation nautique toa
chant follement toucher.

O Lompaignie amoureuse   Mollis ade
    Gente plaisante i ioyeuse   sto cohozs:
    Approuche toy ie te requiers   Veneris gra
Lar pour suonze ie te quiers   tissima cura
Tres sa cure et pensement   Idalios lus
Tresag reable entierement   tos tēplagz
Ie men Bois sans faulte a cest heure   Viso paphi.
Sans plus faire cy de demeure
Veoir les forestz ydalius   ydalius
Aussi les temples de paphus   Paphus.
Venus sa saincte deesse   Venus   Alma Venus
y sera en grant noblesse   teneram da
Et donnera a tous Venans   bit illic cuiqz
Lompaignons gentilz et fringans   puellam)
Vne honneste et plaisant pucelle

Atqz aduetã	Tresgracieuse et tresbelle
ti basia melz	Et donra baisiers mellifluz
li sua.	Aussi doulx quc feist dardanus
Qualia sas	Au dieu damours ie vous prometz
ciuo dedit o	Et telz baisiers pourentremetz
scula sepe to	Donna venus la deesse
nanti	A adonus par grant liesse
dardai⁹ ph2y	Comme feist helene a paris
gia raptas as	Et ceulx que donna tyndaris
arce puer.	A illicus se doulx pasteur
Qualia ser	Aussi a lenfant de valeur
mone veneri	Tenarides au dieu phebus
formosus a	Donna sans fainte et sans abus
donis.	Et comme sont ceulx sans fiction
Qualia pa	Que islas donna a amphitrion
stori tynda	Et toutes choses quon peult veoir
ris iliaco.	En la lune quil fait beau veoir
Qualia te	Et tout ce que offrit par don
narides tri	Latmius a endimion
buit puer os	En songe auquel il donna
cula phebo.	Certains plaisirs quentores a
Amphitriõi	Cypre donna mille baisiers
de qualiapul	De ses leures a mille astrangiers
cher hylas.	Lesquelles sont sur toutes choses
Qualia pur	Plus vermeilles que ne sont roses
puree q cõspi	Cupido le doulx enfançon
cit omia sue.	Si noublira pas sa lecon
Latmi⁹ in so	Mille vierges y baisera
nis contulit	Et apres ces choses sera
endimion.	La fiancea dmour delectable
	Plaisante et insatiable

Sera par continue maniere
A tousiours riche et planiere
Venez donc de toutes nations
folles de plusieurs complexions
Venez plustost que le vent tire
Entrez toutes en mon nauire
Car vous estes mes seruantes
filles deue trop decepuantes
Venez puis que les mers sont seures
Car iespere quen cinq heures
Dedens cypre ie vous mettray
Lequel royaulme vous donray

¶ S ensuit la vocatiõ z retiremẽt de la folle nef: a la
qlle no⁹ arriuõs p voluptez charnelles.   H. iii

Post q; dicie
erit plaudissi
ma liuea a
morie
Continuata
modie infa
tiabilibus
Ergo voca
ta mea peti
to mea cura
phaselum
Quiqz etem
horie cyptia
regna dabo.

Enez toutes en general
Folles approuches de bon cueur
Venez a pied z a cheual.
Si voulez conquerte honneur
Pour vous mettre hors de doulcur
Venez icy il me souffit
En ce nauire de valeur
Chascun doibt aymer son prouffit
Venez tost sans faire nul bruyt
Langues serpentes venimeuses
Venez ceans pour prendre deduyt
Trop folles estes dangereuses
Voz parolles sont gracieuses
Et a mal dire estes instruictes
Ne faictes plus les precieuses
A la fin voz langues soient cuictes
Maintes villes ont este destruictes
Par voz luxures et vanitez
Qui sont en plusieurs lieux escriptes
Plaines de toutes mondanitez

IL est assauoir que vng chascu est prompt a fa
cilement cheoit par parolles sensualitez en de
lectations de parolles. Ainsi comme dit Juue
nal par les parolles de hercules par les folles volu
ptez des cinq sens de nature no⁹ est ceste volupte plus
aigre que nest la volupte bestialle: car les bestes nont
riens en eulx qui soit digne doudeur. Mais ie nescay
qui est la deception de ces vices z attraiement de pe
chez. Car nous aultres mortelz humains auons des
coustume danoir detestation de ce que voyons faire

aux bestes brutes.Et nous qui faisons nous mesmes telz horibles z detestables faictz ne nous pouons oster diceulx faire qui en sommes si souuent trompez:z reprenons les aultres que nous Voions faire en ce cas. Toutesfois est il licite et Vtile de admonnester ceulx qui se scauent:et qui font telles choses affin quilz en aient memoire.Car exortatio a saVertu de bouche danltruy qui mettent a iceulx Voluptez palpitations et touchemens des corps. Non obstant cest chose tresdifficile a creature humaine du tout soy garder de pecher es cinq sens sil ne procedoit du don spirituel.Et ne Venlx pas dire quon deust contraindre bailler le frain come a Vng cheual aux humais affin de eulx abstiner.Mais aussi comme dit monseigneur sainct iacques·nous nous deuons efforcer p doulce Vertu fuyr les occasions des sens qui nous actreient a peche.Cest a entedre p Verta diuine z modaine:car toute chose donee est tresbone z le don est pfait q pcede de dieu le pere de lumiere:duql il fault prier auecqs le poete satirique que nous appellos Iuuenal qui dit.Il fault que lame soit saine en corps sain.Aussi le dit dauid.Mon dieu ie te prie ql te plaise creer en moy Vng cueur qui soit pur z net z renouuelle mo esperit:cest adire mon ame qlle soit droicte en mes entrailles.O mo dieu qui es mon saulueur z mon redempteur ie te prie quil te plaise par ta misericorde me desluter mes pechez:z ma langue exaulcera ta iustice.O saulueur des humais bruslle p feu du sainct esperit noz reins z nostre cueur affir q nous te seruos de corps chaste:affin q nous soyons plaisans

Iuuenalis·
Dauid
Cor mundu crea i me de*
z spm rectuz innoua z̄c.
Libera me de sanguinis bus z̄c.

de cueur pur et nect.Oultre plus nous deuons pren
dre exemple de chastete a de continence a estre purs a
nectz tant de corps que dame:et ensupuir le soleil de
iustice cest lenfant virginal nostreseigneur iesucrist
de quoy on dit Veritablement quil ne pecha onques
et nulle deception ne fut onques trouuee en sa bou
che.Parquoy nous le deuons ensupuir a mettre re
mede par choses humaines a fupr la delectation de
Veoir affin q̃ ne soions liez ou corrumpus en cestuy
peche par les attraiemes de laVeue. Par louyr aussi
ceulx qui penetrent lentendement a ouyr choses plai
santes et ioye uses a y preignent trop grãt plasir. Pa
reillemẽt par odourer et p actraictifz attouchement.
Par le gouster dont sen est trompe et deceu en men
geant trop delicates Viandes . Donc en tous ces
cinq sens de nature on doibt fupr et euiter opsiuete
qui est la cause principalle de peche.Par laBeur:cure
solicitude: amoderance:sobriete : simple Vestement
sont les occasions destre pur et nect de cueur et de pẽ
see:Parquoy Juuenal dit en sa sipiesme satire. Au
temps iadis la petite fortune . cest adire la fortune
des poures femmes Valloit Beaucoup mieulx que
les chastes latines:q ne permettoit point que petites
maisõs fussent touchees ne maculees deVices pour
la laBeur et le petit dormir les Vepations poures ha
Billemens et les mains quilz auoient trop dures et
non soueftes:pour la grant peine et laBeur quil pre
noient.Et pource que hanniBal qui estoit pres de la
cite de rome menant guerre aux rõmains.Et les rõ
mains mariz des Bourgoises de romme qui estoient

Jauen alis .

HanniBal

ep la groſſe tour colupna: leſquelʒ beoiẽt et regardoiẽt
larmee de hannibal de moult loing diſoiẽt leſdiʒ ma
ris. Nous paſſons maintenãt noʒ maulp de la paip:
Car lupure cruelle bueille ou nõ par ſes armes fai
ſõs le guet ꝯ pugniſſe le mõde de biures. Parquop il
neſt nul crime ne peche de lupure duꝗl bice la poure
te de la cite de rõme ne ſoit deſtruicte et ne periſſe. A
laquelle choſe on pourroit alleguer ꝯ amener par plu
ſieurs teſmoingʒ de la ſaincte eſcripture ꝯ de philoʒo
phie moralle. Et eſt la ſentence de orace dicte contre
la deteſtacion de ceſte bolupte. Depriſe bolupte: car
icelle eue par douceur nupſt: laquelle aide a preceder
ũdigence: ꝯ ne ſe peult remettre a pardon ſinon par
ãmere penitence. Car certainemẽt il npa nulle bolu
pte es biades ſinon a ceulp qui on faip lequel ſil ne
garde meſure dõnera les peines preſentes par inſla
tios et par pluſieurs maladies aduenir. laquelle cho
ſe peult eſtre auſſi declairee de labitation charnelle:
de laquelle apres que on a fait on eſt triſte ꝯ doulent
et auſſi des auſtres oportuns et mauuais effectʒ des
auſtres cinq ſens de nature: et affin que nous ne pre
gnons point auſtre labeur aup choſes manifeſtes
nous orrons les bers ou boulons faire fin a ceſte
ocuure.

     Eportation de maiſtre
     Joce Bade aſcenſe poete
     laure pour retirer les
     folles de boluptez.

Jodici badũ
aſcẽſii a bolu
ptatũ illece
bris ſtultorũ
qʒ ſenſuũ ob
lectamentis
debortatio

Dicite mor
tales egri q̄
b° anxia cor
di est

Vita sedetq̃
malis mul
tis i nupia vo
luptas

Quã subito
de furtim ve
niat noua re
gna petendi,

OR aprenez mortelz malades
Qui auez la vie angoisseuse
Voz cueurs sont plains de pechez fades
Et de volupte contagieuse
La personne nest pas heureuse
Qui est garnie de plusieurs maulx
Soubdain vient lheure dangereuse
Qui furtiuement fait les trauaulx
De mander fault royaulmes nouueaulx
Vng iour que point on ne desire
Et nous conuient laisser tous ioyaulx
Aussi bien le bon que le pire
Alors ne penserons de rire

Point deffence nul ne faira
Quant ce viendra deuant lempire
Du horrible iugement sera
Chascun alors son paiement aura
En rendant le compte de ses faictz
Eureux est qui bien y pensera
Pour rendre loyer de ses meffaictz
Le iugement sera parfaictz
De nul ne peult estre prouocque
Sinon dung seul dieu pour tous meetz
Qui de nul ne veult estre mocque
Impossible est destre reuocque
A ung aultre iour sans doubtance
Car ung chascun sera inuocque
Pour estre pese a la balance
La poure ame en desplaisance
Sera quon trouuera chargee
Daulcun peche en substance
Alors vouldroit estre changee
Mais quant la sentence confermee
Sera: et donnee par iesurist
Eureuse sera lame sauluee
Donc le dyable naura riens escript
O folles langues qui par despit
Folles et miserables mains
Qui auez fait pechez sans respit
Et tant de grans maulx inhumains
Perdu auez dieu souuerains
Qui vous debuoit donner paradis
Le hault dieu eternel primerains

Inspata d
es qua cog
mur ora tu
ti.
Iudicis ho
rendi
adina
Premia
factis
quo nec pro
uocat vllius
Ne
pense
re examine
libre
Aut differe
valet
dem tuc clau
sa merendi.
Peccandiq
bia e desfat
sentetia sep.
Heu fatuas
linguas des
metia pectos
ra stultas.
Deliras
manus que
propter pau
ca coditi.

Tentamēta
boni celestez
pōitie aulā.
Ab eternoqz
bono pfertis
duscia bite
Denrue ī ter
ras anime:
de celestiū in
anes.
Quid iuuat
illecebris mē
tes inuolue-
re carnis
Quid fugiti
ua iuuāt fal
lacis gaudia
sensus.
Quid fuca-
tus bonos qd
adultera for
ma:qd auro.

Inter tecta
thalamis qd
cyclas choa:
quid ause.

Pour voz biens caduques maulditz
Bien deuez estre interdictz
De dire que la volupte
De nostre vie est tousdictz
Meilleure que leternite
Et que nest la suauite
De paradis:donc sans demeure
Considerez la benignite
De dieu qui vous attent chascuy heure
Pouure est celuy qui ne labeure
En ce monde pouure ame
Et qui tous ses pechcz ne pleure
Reclamant dieu z nostre dame
Dequoy vous sert peche infame
Ne les delectations de voz cueurs
Sinon que vostre chair enflamme
Par feu souffrera grans douleurs
Que bo⁹ seruent les ioyes z doulceurs
De voz sens plains de tromperie
Voz draps qui sont de belles couleurs
Tous voz faictz sont de tricherie
Que vous seruent sans flaterie
Honneurs faintifz et grans estatz
Et la forme dadulterie
Que sert elle dictes le cas
Nostre seigneur voit hault et bas
Et voit sur vous ses grans mãteaulx
Qui sont entrelacez par compas
De draps dor copez par lambeaulx
Je fais doubte que les corps beaulx

Qui sont ainsi vestuz de soye
Ne soient vne foys des corbeaulx
Mengez par chemin ʒ par voye
Les queues trainans parmy la boye
Comme regnars ;ʒ ces grans manchez
Cest affin que mieulx on la boye
Aux iours ouuriers et dimenches
Or me dictes sans nul abus
Que vous prouffite maintenant
En la salle de tantalus
Telle vie estre entretenant
Or dictes si estes souuenant
Quelz biēs vous donne vostre beaulte
Se vous estes pompant fringant
Certes cest toute desloyaulte
Que vous sert venus la deesse
Et ses compaignons amoureux
Helas helas et quel destresse
Quant voʒ poures cueurs malheureux
Insoutilz et cauteleux
Sont prins et deceuz par doulceur
Qui comment le vent nebuleux
Passe soubdain dessus la fleur
Dequoy seruent ses instrumens
Harpes rebecqʒ ʒ musique
Les doulx ritz et attrapemens
Du chascun de vous sapplique
Et que seruent sans replique
Les viles ʒ ordes chancons
Que vous chantez en publique

Conditio at
talice: qd vi
ribera ppiat

forma boni
formosa ve
nus: Venerif
qʒ sodales
Ali stupa iu
cautas cap
tant dulcedi
ne mentes
Quid cithas
re crepit⁹: qd
mollis rifus
de oris

Carmina la
sciui qd vers
ba salefqʒ iu
uabunt,

i

De voz gorges a divers sons
Que vous servent vng tas dabitz
Vaines parolles en detractant
Que vous sert faire du gros bis
Et contrefaire le fringant
Riens ne sert sinon quen tombant
Vous conduire es puans enfers
Avec les dyables tous flambant
Du serez brusles comme fers
Que vous servent ces oingnemens
Precieux dont vous oingnes voz corps
Vous estes insensibles gens
Car par apres que les gens sont mors
Voz charongnes seront mises hors
En terre: dont les dyables denfer
Envoient des vers trespuans et ors
La bas aux lieux plus durs que fer
Helas que fera la poure ame
Qui iamais ne pourra retourner
Du feu denfer ne de la flamme
Sans nul aide ne sans odourer
Dequoy vous a servy savourer
Doulces liqueurs de vostre bouche
De rien sinon par mal labourer
Avez acquis maulvais reprouche
Dequoy vous a servi la force
De vostre corps z vostre beau parler
Vostre ventre qui tant sefforce
De vins z viandes avaller
Saichez certes quaupar aller

Qui serepi
tu horrifico
sub tartara
dira trahent
Quid iuuat
vnguetipcio
si spue illuz
Cuius terra
putri comiss
a cadauera
terra
Ad graue sul
phurei mise
unt sinus a
uerni
Ah nunquaz
edituia ani
nam: nec o
ore umada
Quid gula
dulce parit: q
nentem esse
ninat atqz
Corporis c
aruiat vires
e ventris obe
t;

Compte en fault rendze au iugement
Du aux enfers fault deualler
Et prendze son hebergement
D mauluais riche et tentalus
Chascun de bous est miserable
Reprouuez estez au passuz
Denfer:cest chose pitoiable
Dz me diz:la gloire de table
Que prouffitelle maintenant
Esse testoit trop aggreable
Deu certes que tamoys tant
D tantalus le fleuue recule
Quant tu en cuides bien gouster
Le mauluais riche crie et bsse
Dune gouste deaue taster
Aussi ne pensp tu sauourer
Goutte deaue mauluais glouton
Par pleur prophan ne par prier
Tout ce ne te bault bng bouton
Pourquoy plources tu ton argent
Que te prouffite aussi paresse
Ta lupure et touchement
Et tes doulx baisiers de liesse
Dz es tu opprime par destresse
De tourmens qui sont pardurables
A iamais sans fin et sans cesse
Batu seras de par les dyables
Le feu denfer continuel bzusle
Dn oyt les flambes dozrible son
Lun y crie et lautre y bsse

Diru pond
habet qd tau
tale:quid re
probate
Dines in in
ferno mensi
ru alia pdest
Ah miser d
labrio fugie
tia flumina
captas
Tantale ti
gutta epora
uerie bnqua
Dulcis au p
cibus lachzp
misq e lu
cro pphanis
Quid pecu
nia tues ta
ctus pentigo
nefandi
Quid bene
ris plausus:
lasciua qd io
scala psunt.
Quos etna
pmunt diris
tormenta fla
gellis.

Nesse pas piteuse secon

Quosqz cre꞉	Certes il est bien vray ce dit on
mat iugis	Communement ꝗ a briefz ditz
flammis cre	Que par volupte ioyeuse on
pitatio ignis	Ne peult aller en paradis
	Car la sente et le droit chemin
	De la court celestielle
	Autant du soir que du matin
	Est estroicte quant est a elle
Ab nimis id	Cestuy donc nous vueille a celle
verū est non	Court celestielle conduire
posse ꝗ nau	Qui voulut naistre dune pucelle
	En ce monde pour nous instruire
Per iocūda	Et pour nostre redemption
Vehistricta ꝫ	Son propre sang a expose
ꝗ ducit ad au	Et en a fait effusion
lam	En la croix ou il fut pose
Semita cele	Et comme il auoit propose
stꝫ ꝗ nos per	Ouurir les portes a ses amys
ducere cūctos	Du royaulme de dieu dispose
Dignetur ꝑ	Auquel les iustes y auoit mis
prio꞉ ꝗ callez	Cest iesuchrist nostre redempteur
saguie pm̄꞉	Lequel au ventre virginal
Imbuit ꝗ re	Cest incarne par grant honneur
gni patefecit	Sans corrompre corps triumphal
clausa pēni.	Et pour dire a propos final
Atria꞉presās	Ha tresdoulce mere serie
cta natus de	Enfanta sans endurer mal
virgine xps	Et demoura vierge et marie.

Enez toutes a la nef folle
femmes qui trop souuent parlez
Venez tost la voelle volle
Pour voz langaiges garrulez
Plusieurs de vous sont reculez
Par voz langues quaqueteresses
Et des bonnes et iustes foulles
Qui haient voz bouches metteresses
folles qui sontbabillerresses
Qui ne scauent leurs langues gouuerner
Seront dictes garruleresses
Comme la pie quon voit saultiner
Car qui ne scait sa longue refrener

De nimia
garulitate.

Prouerbioru
piu.
ps. cvvviv.
Ecle.iv.
Iacobi. iii.

i   iiii

Et de trop parler la reſtraindre
Souuent ſe boit on a mal proſterner
Par triſteſſe que len doibt craindre
Mais qui parle trop ſans ſe faindre
De deſhonnoure comme la pei
Qui par garruler et ſe plaindre
Demonſtre ſon nid quon eſpie

EN ceſte preſente deſſudicte exortation ſont re
prins les boluptez de pluſieurs folz et folles
et ſont declaires les labeurs et peines a quoy
ilz peuent paruenir apres leur mort. Mais encores
beulx reciter aulcunes parolles qui procedēt du ſens
de la langue et de ceulx qui ſans conſideration par
ſent donc ſouuent mal leur aduient: par quoy ilz ſont
comparez a la pie qui a des petis piars: et quant elle
boit paſſer aulcun pres delle tant quaquete et iargon
ne quelle enſeigne le nid de ſes petis: leſquelz on luy
oſte donc eſt grant erreur a lhomme et la femme qui
a ſens et raiſon qui pour faulte de ſoy ſauoir conduit
re et de garder ſa langue recoiue dn mal: et ſoit a cō
parer a bng oyſeau des champs qui rien nentent. Et
pource allegue lacteur leſcripture qui dit. Toutes
natures de beſtes, doyſeaulx, de ſerpens, et daultres
choſes irraiſonnables ſont donnees et ſeigneuriees
par humaine nature. Mais nul homme ne femme ne
peult donner reffraindre et ſeigneurier la mauluaiſe
langue. Car ceſt bng mal ſans repos plain de benin
mortel qui macule, et honniſt tout le corps. Et pour

Omnis na=
ura beſtiarū
&cetera

ce qui garde sa bouche garde son ame. Mais qui est
inconsidere a parler sans regarder ce quil doibt dire
il sentira vne fois moult de maulx donc le Prolude
dit ainsi. Qui frene sa langue et refraint les ris de
sa bouche fait que sa pensee vacque sans angoisse et
sans tristesse. Mais celluy qui parle follemet chiet
en blasmes repute comme la pie loquace qui par son
caquet z iargon murmure z enseigne ses pouletz dōt
ilz sont perduz. Et pourtant les folz z folles qui sont
garnisateurs z plains de langaiges qui en tout teps
blacterent et ne sceuent quilz dient doibuent tost ve
nir a ceste folle nef et monter tout au plus hault.
Hastez vous doncques folles loquaces z baueresses
car le vent agite et demaine les carbases et voelles
de sa nef. Plusieurs folz et folles sont maintenant
donc oblectation de vie est grande: et ont tresgrant de
sir de exercer leur langue procace et mauluaise.
Car alors quilz touchent de leur mauluais langai
ge ce que homme et femme saiges ne vouldroient
auoir touche. Ilz meritent le glaiue denuie: et pour
certain mieulx vouldroit quilz se teussent. Et est vng
grant bien a ceulx qui se peuent taire et retenir leur
langue. Mais qui parle et ne veult reffraindre les
leures aulcuneffois encourent les crimes de dures
peines auecques fortunes miserables: dont mieulx
vauldroit se taire. Et qui de son gre parle deuant
que estre prie de parler: et il repond a tous il est repu
te et se monstre cōme vng fol impulse et sans cōside
ration. Sont aussi plusieurs folz z folles q prennēt

Qui linguā
refrenat. ꝛc.

Garrul⁹ at-
q͛ loquax. ꝛc.

la puiffance et lieffe de leur inique garrulite et leur
femble quant ilz ont dit aulcune vilenie que ce foit a
culp vng grât foulas. Touteffois aduient q̃ ilz font
ꝓꝑlopes et reprins par vne cruelle peine. Et felon Hie
remie en fon.pviii. liure dit: que la langue procace ꝛ
bauereffe glengereffe mentereffe a contrainct plufi=
eurs porter et fouffrir anguftes et eftroictes aduen=
tures. Pourquoy nous aultres qui ce lifons confide
rons que prouffite aup baueurs et plains de langai=
ge la falacieufe delation ou folle maniere de parler
car les folz langars fouuêt fe taifent et cellent leurs
malfaictz quant ceft rayfon quilz les confeffent ꝛ de
clairent aup preftres et ne les peuent gecter dehors
de fa bouche côme celfui q̃ tous les vices de fon ame
quant les lopers du ciel font dônez ꝛ le pamen de fon
crime fuy eft aporte. Et eft chofe notoire que plufi=
eurs euffent eftez muders fulz neuffent point efte foil=
lez par les battures de la langue. Ainfi côme par la
pie caqueterefse qui par fa garrulite monftre et enfei
gne fes petis. et par fon grant cry les fait aller a feur
nid. Ainfi eft chofe feure et meilleure parler peu de
chofes et garder fes fifefes de la lâgue chafte et necte.
que neft trop parler. Car qui labeure refpôdre a tous
aulcuneffois encourt dômaige ꝛ molefte perilleux.
Et ainfi eft a noter q̃ pour côclufion ꝛ derifion des
folz et folles qui habondent en langaige que petite
parolle refpôdue en temps modere plaift moult: et q̃
vne noble vertu eft garder fa bouche feure: car droit
et hôneur eft de parler par ordre ꝛ bône maniere ce q̃
la bonne langue enfeigne et non aultrement

Enez folles qui faictes debatz
Par mal dire et faulx rapporter
Vous estes causes dopprobrieulx cas
Lecy bueillez toutes nocter
Trop estes prestes a detracter
Et a mal dire sur bng chascun
De parler bueilles bous desporter
Ne de mesdire plus du commun
On ne repute pas pour saiges
Folles qui nescauent discerner
Mais ilz beullent par leurs oultrages
Sur toutes aultres gouuerner
Icy bous bueil examiner

Et donner le loyer des folles
Venez doncques fans fciourner
Toutes efcouter mes parolles.

Exhortation touchãt detraction.

Ly fenfuit vne exhortation en laquelle font
reprins aulcuns folz et folles impatiètes qui
veulent garder le monde de parler: z enciter
les dectractions des hõmes qui eft chofe trop diffici
le. Et font a cõparer a plufieurs folz et folles qui fa
reftent a ouyr vne cloche ou il nya marteau ne batãt
felon ceulx qui la veullent fonner: z nya tant feule
ment dedãs que la queue dung afne. Et dit le prouer
be. La cloche ne fonne point qui eft fans marteau ou
batant: iacoit que en lieu de ce foit mis dedans vne
queue dafne ou de regnart. Et pourtãt ceft chofe fol
fe de penfer a toutes parolles z en prẽdre curiofite.cõ
me ainfi foit quon peult fouyr les chofes fourdes
deuant le fon. Car celuy quoit la cloche la ou il nya
que la queue nen doibt point craindre le fon. Parquoy
quiconcques defire viure en ce mõde par tranfquilli
te de pẽfee z mener fes fiecles z tẽps de vie en paix z
en repos na cure z ne pẽfe point aux voix du peuple:
z a la mauluaife renõmee ne fi ne regarde poit auffi
les foufflemẽs de la mauluaife langue. Et q defire
foy exalter en ce monde orguilleux z par mefure mõ
te z affeure le grãt fiege. Il y eft de neceffite ql fcuf
fre aulcuneffois les cures moleftes qui heoit qui ne
font pas aggreables a fes yeulx. Et de vray fõt aul
cuns qui ont loge leurs tentoires: ceft affauoir leur
cueur en vng ferme chãp tellement quilz font defpri

on cãpana
onat.zc.
prouerbe

Quifquis i
oc mundo
rãfquilla zc

Et funt qui
irmo tento
ia ture, zc.

sans le monde: et les illecebres dicelluy. Et la raison
est car maintenant nous ne vayons riens seur: riens
bien garde: riens tranquille: ne quelque foy au mon
de. parquoy plusieurs ont fouy les citez: les richesses
les peuples: et les compaignons prophanes: affin que
en apres lestat fust seur. Pource ramene lacteur a
propos ce q dit monseigneur saint iehan en son. vS.
faire par substance et dit. Celluy qui a estably mener
tousiours iuste vie ensuyure meurs sainctes: et les
benefices dicelles ne cure ne ne regarde point que le
monde sace affin ql ne se arreste point aux tacitez q
telles dicelluy. Car au iuste la mauluaise langue ne
nuyst point. Et pourtant est a entendre: que nul ne doit
craindre a bien faire pour le langaige des gens. Et
pourtant dit lescripture prinse a ce prepos. Come aisi
soit que tu vivez bien et droictement: ne cure point les
parolles des mauluais il nest pas de nostre franc ar
bitre q chascun parle Et a beaucoup de fromet celuy
qui veult faire du pain q a tous veult estoupper les
bouches. Pourtant les saiges du temps passe ne lais
soyent point a dire verite. Car si les poetes satiriqz
et les sainctz prophetes iadiz eussent pese les murmu
res mortiferes des homes iamais neussent monstre
les mouuemens et aduertissemens de bon salut. Et
eust perdu par droict cestuy sa bonne renommee. vng
aultre sa memoire. vng aultre son honneur. Car au
monde nul ne veit tant sainct que veritablement il
plaist a tous fotz q nont point de rayson. Et qui pour
roit droictement seruir a tous: cestuy seroit bien eu
reux et bon seruiteur par noblesse. Et qui vouldra a

Qui statuit
iustam.zc.

Cu recte vi
uas.zc.
Si vate sa
tyri quonda.
et cetera.

tous pl̄aire il fauldroit rompre les iours ꝛ les nuyst
sans auoir nul repos. Ou est celuy q̃ auecques pain
ou farine: ou auecques les dois pourra clozre les la
gaiges des folz ꝛ folles. Nous parlons: ꝛ puis incō
cōtinēt nous en repentons. Et na apris le mōde au
cune chose: ce nest parler choses vaines ꝛ sotes parol
les par lesqlles il a acoustume de cōtaminer ꝛ blas
mer les iustes. Pourtāt l̄homme saige ne cure point
ne luy chaille des ludibres ꝛ des mocq́rics du mōde
vain. Et ne attēde point que la barque turbe du mon
de porte et die: Car fol est qui si arreste.

¶ Exportation des dances ioyeuses et saltations q̃
se font en plusicurs lieuz dont grant maulx en vien
nent ꝛ horribles pechez.

UEnez toutes en habondance
folles femmes sautrerelles
Venez faire vng tour de dance
Auecques plusieurs maquerelles
Amenez ces chanterelles
Qui chantent par oultrecuidance
Chancons toutes putrelles
Qui est a dieu grant desplaisance
En dancer na nulle substance
Ne nul prouffit chascun le sache.
Mais a lame fera greuance
Vng temps qui vient en lieu et place
Le labeur est peu defficace
A tous danceurs iunes et vieulx
Cest deception et fallace
Aceulx qui desirent les cieulx

Touchant les folles dance dont viennent in
finiz maulx dit ce prouerbe. Que qui resioyt
de dances et de saulx immoderez affin quil
maine vne cucule. cest assauoir vng fol qui menera
dancer vne ieune folle en sa main: il est plus fol des
aultres folz. Car il offence dieu et pert son temps
pour neant. Et de ce aduient plusieurs dommaiges
car any vanitez des dances ne peuent estre regardes
que impudiques villains atouchemens maul uaises
pensees: curieuses suspections tant de ceulx qui dan
sent lesquelz sen orguillissent en leurs saulz de ceulx
quiles regardet lesquelz font souuetesfois de maul
uais iugemens. Et reallement fille ou femme qui
ayme chastete iamais ne doibt hanter les dances.

Nil placet in
to ta sapienti
bus vsqzcho
rea
Quod iuuet
atqz psit cuz
deceat vc bo
nos
Ad choreas
no eas ne per
eas pereas

Qui choreis
gaudet

Car comme dit les scripture sur ceste exortatiõ. En
toute la dance iamais rien ne plaise aux saiges: z ny
trouue rien qui aide: qui prouffite: ou qui appartien
ne aux bons: car les danceurs ambulent au tour du
maulvais: donc,ilz sont comparez a ceulx de lancien
testament qui dancoient au tour dun pillier sur leql
estoit vng veau dont dieu se courronca. Pour laquel
le chose auecques toutes les folles deuant dictes ar
riuez aux nauires de sensualitez nous disons icelles
non saines z non sains: mais furieux qui querent
les dances lequel est vng labeur qui va et court tous
iours affin que thpas la furieuse vague de mer la ou
tirsus esseuc sa pelle par les champs en celebrãt les
festes z solennitez du dieu bacus. Cest adire que en
vne dance les danceurs vont comme les gens yurez
et chancellĕt: z font cent aultres gestes que fait vng
homme yure en allant. Et saultent comme druytes
sonantes les tympanes en la haultesse ydeëne. Cest
adire a vne semblance de gens qui anciennemĕt fai
soient des assemblees z specialement en bretaigne: z
les appelloit on druydes portans chascun vne brãche
de chesne. Et en leurs conuentions auoient iuges q
sententioiĕt des mieulx saillans dancans ou chan
tans. Ainsi font les gens de maintenant qui courĕt
comme saillans. Et ainsi demaine la turbe diceulx
folz et folles les compaignies cybelliennes. Par
quoy ie demande a tous folz et folles qui aymĕt les
dances pourquoy leurs plãtes de leurs piez sont tãt
lassez en la pouldre et quel loyer de leur labeur ilz en
auront: certes riens nen auront et de riens ne leur

Dil placet in
otu

Hos quo nõ
anos ac.

prouffite. Mais quant ie pense les premieres naissan
tes du fol ieu: ie trouue et commemoire les causes
de son commencement estre mauluaises. Car quant
le dyable mist en la statue le veau tout dor: affin q̃
le mauluais peuple contēnast dieu. Apres ce que le
peuple eut fort beu et crapuleusement menge: il leur
persuada quilz iouassent deuant la statue: et fist tāt
que la compaignie se mist a dancer menans chascuŋ
homme vne femme dont dieu fust grandement irri
te. Et certainement icelles choses illecebres qvillai
nes engendrent plusieurs maulx. Et donnent plusieurs semences aux vices. Et la courent ensemble
orguilleux pompeux: et ne vont voulentiers eŋ dan
ces femmes ny hommes qui ne se parent et deussent
ilz emprunter les vestemēs. La se trouue luxure soit
par dictz: par regars: par attouchemens ou par faitz.
Et auecques celle furieuse luxure font saulx petuŋ
lans et sans arrest tant quil semble a vng fol que eŋ
dancant il volle et uarreste point ses piedz sur terre.
Car la deesse venus qui est dicte deesse de luxure se
delecte principallement eŋ telles danceries et la suy
uit hastiuement la folle compaignie. Et certainement ie ne scay ieu au monde plus dommageable de
cestuy. Car la dance par ses stimulations et aguilḷ
nemens contamine les pēsees chastes. Et pour vray
cestuy ieu ne semble point paix: mais guerrre: car
eŋ courant ilz crient et tempestent tellemēt q̃ tout
est estonne. Ou est le lieu qui soit franc q̃ telle vesai
ne ne contamine quāt elle se fait. A grant peine les
lieux du tēple demeurent a seurete: que la noise ne x

Ast ego dum
meditor ꝗc.

Concurrunt
ille pompo-
sa ꝗc.

Ludus iŋ or
be quidez ꝗi.

turbe le seruice que on ny fait. Car tout en est rom=
pu.z saulte le clerc:le moyne eschappe.lenfant:la pu
celle:les beaulx ieusnes hommes:et les viellars la
anciens et decrepitez mainent les dances par mouue
mens incomposez: cest assauoir sans consideration :
car aulcuneffois de force de saulter z dancer z de sas
sete tresbuchent et se laissent cheoir les vngz sur les
aultres par contenance pour sapproucher par aduen=
ture plus pres de quelque fille ou femme en faisant
du loricart:z aucunesfois se blessent.Pource dit Vir
gille.Quant le rustique tient son ampe ieune et ten=

Virgilius

il la ploye et lambrasse en to⁹ lieux:et en plain mar
che publique ce nest pas signe quil ait toute nuyt et
tout le iour a faire son plaisir. Parcillement quant
aulcans paillars ne peuent iouyr de quelque femme
ou parler a elle a leur plaisance ilz trouuent moyen
de faire quelque banquet assemblee ou dance la ou el
le se trouuera:z pourront a elle parler.Et de ce vien
nent souuent maulx merueilleux et horribles pechez
et damnation eternelle.

⸿ Exhortation des folles qui
en bombances de vestemens se pa
rent et aournent trop pompeuse
ment dont procede orgueil.

Olles qui desirez louenge
Vestuz de drap dor ou de soye
Plus viles estes que la fange
Quon voit par chemin ou par voye
Le grant orgueil qui vous abbaye
Vous promect donner bon salaire
Car en enfer en chambre quoye
Serez aux dyables pour complaire
Daournemens estes lexempleire
A plusieurs folz par grant orgueil
Mieulx vous vaulsist certes retraire
Que faire a chascun tel acueil
Oy le voit tous les iours aloeil

Gladio pro-
prio eius su-
perbia ampu
tetur : capia-
tur laqueo o
culorum suo
rum in mee
pernicies et
ex labiis cha
ritatis mee
et cetera.

Voz bombans sont trop merueilleux
Plourer deussez a faire dueil
Pour voz pechez trop petilleux

EN ceste presente exortatiõ a repudie la fatui
te dorgueil. Et mõstre lacteur par exemple
des anges: que cest vng grant dangier q̃ des
paremens et aournemens de ce monde qui ne se appe
tent que par superbiete. Et ne quiert vng fol on vne
folle orgueilleuse que les premiers sieges: a faire vã
tances de soy mesmes: desire se parer a aourner pour
plaire aux hommes plus que a dieu. Et sequêtemẽt
ont les folles femmes ceste coustume quãt elles sõt
fort orgueilleuses de soy parer: farder et polir nõ
contentes de la beaulte que leur a donnee nature: si
elles ny adioustẽt aulcunes painctures. Pource leur
fault mirouers peignes, descrotoires: banquetz bou
quetz de fleurs: a cent mille vanitez seruantes a leur
presumptiõ: pource sont appellees folles: a ceulx
folz qui se accoinctent delles. Donc mect lacteur te
prouerbe. Tousiours est sordide a villaine la louẽge
qui part de la propre bouche de celluy qui se loue: et
telle louenge fuyt le saige. Pareillemẽt lorgueil põ
peux fait plusieurs folles que les enfers rauissent:
car pour cõplaire la fẽme orgueilleuse au fol orguil
leux se perit. Pource mect lescripture. Tourne ta fa
ce en arriere de la femme qui est orgueilleuse et corrũ
pue: et ne regarde point du tout de toy vne espouse es
strange: car pour la beaulte et speciosite de fẽme plu
sieurs sont periz. Et de ce vient que concupiscence de
beaulte femenine art a brusle cõme feu. Pource dit

Sordida la⁹ emper

Auerte faciẽ tuam &c.

nostre seigneur. Lorgueil est superbiete du fol orguil
leux, soit, ampute: couppe ꞇ abbatu de son propre glai
ue. Et contre moy soit prins de ses peulx ꞇ ie frappe
ray icelluy orguilleux des seures de ma charite: car
contre luy ie prononcerap sentēce selon charite qui est
faire iustice a chascun. Orgueil et superbiete non sai
ne fait plusieurs estre folz les quelz vne cymbe legie
re tire en nostre dictie. Trop estre pompeuse ꞇ parec
est orgueil et vice que tous doibuent fuyr: car par ses
ordures il excede tous vices iadiz enuers les souue
rais auoit forgec ceste nef le pmier inuenteur de ma
lice: ꞇ de toute faulcete. Qui engendre folz et folles
vne grāt progenice de lestat orguilleux en se mectāt
loing: ꞇ esleuant deuant dieu. Les folz ꞇ folles ꞷ de
la superbiete pōpeuse rauit les cueurs se ventent de
plusieurs choses que par les estudes vont pas meri
tez. Car le fol dit bouloigne la saige ma nourry ꞇ re
peu de ses ars: ꞇ y ap vru les beaulx ꞇ cultiues ensei
gnemens de philosophie. Et pource comme digne ie
merite ꞇ dessers monter au premier siege: ꞇ auoir le
hault lieu entre les mondains. O poure incense qui
par follie desirez tressouefz dons de la sacree miner
ue et haulte sapiēce de la terre theotonique. Tu loys
que germaine pugnace et vertueuse paist ꞇ nourrist
tant de ieunes commenceaulx de langaige: desquelz
les mouuemens ont maintenant vigueur. Et ainsi
par tumide pensee et couraige enfle tu ne dois point
estre pompeux ꞇ orguilleux pose que tu as les dan
giers de la mer bien grans. Mais pourtant que vesa
nie et superbiete a desia prins commēcement fuys la

Efficit et fa
tuos ꞇ

Lucifer etĩe
ci clarus cõ
essoz

Jadiz lucifer cler et noble confesseur du ciel ethereol
duquel la blancheur et clarte nitide estoit tant miri=
fique cozrumpu par ozgueil hardi τ ause de contem=
ner dieu le pere tout puissant seigneur du ciel et de la
terre: fust plonge et entra es eaues tartariennes et
puys defer. Et a ses noiers enfers supuront les folz
et folles ozgueilleuses lucifer pour leurs pompes τ
aournemens precieux auecques la cohozte pompeu=
se de celluy lucifer: la ou ilz cherront aux eaues styz
giables Et est superbiete de telle nature que elle seul

Dirtutes cũs
tes mozesqz

le strinse toutes hertus et meurs τ fait les mõdais
estre sans honneur. Et principallement entre ses pz
mieres choses nous hoyons que ozgueil heye et tra=
uaille le genre femenin qui par ozgueil continuelles
ment se hest et polist. Lestat de la femme tumide ra
uist et seduist plusieurs foulz et insipiens . Et soyt
en present exemple iudich: par laquelle mourust le
duc oloferne. Jacopt ce quelle fust chaste femme

Exemple

lozs quelle descendit de la cite de bethulie que holos
ferne auoit assiegee: elle se para le plus pompeu=
sement quelle peust. Et quant il la hit si belle et si
bien aournee il se eschauffa en lamour delle. et en te
ste ardeur pzint tant de hins et de hiandes delicatez
qui se en pura: et sendozmit: adonc la teste luy coup=
pa. Nous auons aussi de iezebabel quelle oingnoit et
fardoit sa face: et son hiaire quant elle cuidoit com=
plaire au noble Jehu. Ainsi crie sapience: fẽme pcas

Exemple
est mulier
hitanda.

ce pompeuse τ ozguilleuse est a euiter: car auecqs ses
peulx lasciuieux τ recreatifz elle tue τ occist les chas
stes poictrines. Lest adire les chastes ames τcozrõpt

ses bonnes pensees.Mais au cõtraire la fēme vraie
et humble ensuit les tiltres dhonneur:et la femme
chaste vse de bonnes louenges.Nous auons exēple
de bersabee sesse neust point descouuert ses belles cu
isses:le roy Dauid neust point encoutu se cruel peche
qsl encourut de faire mourir vrie sõ mary.Orgueis se
duyt plusieurs:et la gloire de la pensee orgueilleuse
fait des folles sans fin.Et touteffois se dieu õlpõ
tent fastidie et desprisele les pensees et les couraiges
orguilleux auecques ce les poursuyt auecques grief
ue peine.Pourtāt est cessuy bien eureux a qui la gloi
re du monde desauieux et vain ne impere iamais ou
qui ne cheoit point par ambicion.Mais cogite et pen
se quelle soit la possession du royaulme eternel.Co
gite aussi la cheute de lucifer et de ses chors.Bien
heureux est cessuy que en choses externes et estrāges
ne quiert point noms sordides:mais est bien contēt
de petites choses et hõnoure les moderees.Ce que ne
font pas les folz et folles qui experimētēt la cheute
de lucifer.Et precipitēt et gettent seur cueur dedans
les ruisseaulx stigiaulx des eaues ifernales.Quāt
est au vray dire les fēmes du iourduy vsurpent sof
fice de chore et dathan et de abiron.Et desirent et ap
petent a souffrir encēs:cest adire adoracions.Car il
semble maintenāt a veoir les dames:damoiselles:
bourgoyses.filles:pucelles et les fēmes du cõmun q
ce soient deesses tant sont propremēt aournees plus
ioinctes q poupees qui sont fardees:et ne reste plus q
de les encenser et adourer:et cuide quilz ne desirent
autre chose:car elles sont reputees semblables aux

Exemple de
Bersabee.

ffeliõ eni nũ
quaз desant
gloria.

dieux: et veullent estre par leurs pompes et orgueilz
adoures comme dathan chose et abiron: lesquelz sur
montez en pompes orguilleuses furent englutiz ou
ventre de la terre soudainement a lheure que leur or
gueil les fist plus hault monter. Et pourtât est bien
fol qui en ce moude vain et transitoire se laisse dorgueil surmonter.

Exortation des folles femmes
delicates qui sont oyseuses et ne
veullent riens faire quilest cause
de tout vice et mauluais pêsemês
et touche lê perhe de paresse.

O vestes vous folles miserables
Qui de paresse estes opprimez
A tous honneurs trop fauorables
Venez ou vous seres unprimez
De vain labeur vous estes deprimez
Et de vicieuse paresse
Tous endormiz et de bien supprimez
Sont tous voz cueurs & vostre ieunesse
Temps est que vous prenez ladresse
De diligence belle vertuz
A seruir dieu et ouyr la messe
De ce bien deuez estre vestuz
Et de peche vous estes desuestuz
Et de paresse auez fuy le soing
Diligence honneste vertuz
Tousiours vous seruira au besoing.

En ce passage lacteur par son exortation repre
die et reprent et se mocque des folles paresseuses qui se tiennent oyseuses en leurs mai
sons: mais elles ne sont pas oyseuses a bien babil-
ler. et a escouter villaines parolles. Et les acompa
re a cestuy qui veult viure sans riens faire: & regarde en hault la bouche ouuerte si les alouetes routiz
luy charront dedans la bouche. Sont aussi acomparez a la vielle q est aupres du feu sa quenoille en cou
ste et se dort par si grande paresse quelle se brule les
piedz par faulte de les reculer ou retirer a soy. Donc
raison est que telz paresseux et paresseuses ne soyent
pas oubliez a connioquer pour venir a la nef des folles deuant quelle soyt pleine. Donc meit lacteur

Sominferu
semen spar-
go: atq; papa
uer vt inde.

Dormiat et
de ses dormi
at vsq; piger

Desidie vi=
ui toto do =
minantur ur
be.

Somniferu
em. n. spqo.

Vng prouerbe satyrial. Maintenāt le vice de paresse
domine en tout le mōde ꝗ lanciēnete des hommes ꝗ
folles femmes foule maintenant tout genre ꝗ tou=
tes manieres de gens. Les corps des seruiteurs se pe
santissent et fuyent les labeurs. les vielles font des
songes ꝗ dormēt la quenoille au couste. mais toutes=
fois ilz en prennēt prix ꝗ salaire. Pource dit lescriptu
re a ce prepos en la psonne du maistre aux paresseux
Je respans la semence somnifere ainsi que le pauot
qui fait dormir les gens affin que les desidieux ꝗ pa
resseux dormēt tousious. Le paresseux veult ꝗ si ne
veult point. Cest assauoir vng parasseux demande
auoir des biens: mais il ne les veult point labourer:
mais lame des veillans et besongnans sera engres=
see et auront ceulx qui veilleront des biens baucoup
Ainsi ꝗ le vin aigre nuyst aut dentz: et la fumee aux
yeulx: si fait le paresseux a ceulx qui lenuoient quel
que part. Jacoit ꝗ torpeur: pesanteur ꝗ paresse soient
a toutes gens destruction de pensee et mort. Toutes
fois la demande la cedule tourbe et foule cōpaignie
des folles. Et aussi nous cuidons et reputons acci=
die et paresse vng tresgrant vice du giron du quel tāt
de maulx profluent et courent: et est celluy vecor.
cest adire furieux aiant malediction au cueur: qui de
langueur de paresse se saoule tousiours. Et est la per
sône folle paresseuse digne de porter la noire stigma=
te ou enseigne noire: affin quelle monstre par tout le
exemplaire de sa desidie paresse. Les paresseux et desi
dieux a toutes heures sont sans prouffit ꝗ aussi nuy
sibles que la fumee qui fait mal aux yeulx. Celluy

Torpor sit
quāuis men
tis. ꝛc.

Desidiosus
homo

est eureux qui par labeur exerce ses membres iuste/
ment et tousiours quiert son pain a ses mains ɀ ope
rations:mais dieu pugnist souuent par fainglāt tour
ment celluy que torpeur paresse ɀ accidie foule assi/
duellement.Au contraire dieu qui est tresbon largist
et donne amples loyers au laboureurs et au labeur
qui est laboure voulentiers.Et aussi raison dit ɀ or
donne:que celluy ou celle qui est sans labeur ne men
gusse point.Certainement le vice de paresse ainsere
et aporte au monde des perilz moult a craindre.Et si
a donne a plusieurs principe et commencement a pe
sche qui ne leussent pas faict neust oste loysiuete ɀ pa
resse diceulx.Comme nous auons du roy dauid que
auecques torpeur de corps:pesanteur ɀ vie desidie et
paresseuse il estoit fait adultere ɀ homicide ensēble:
car sil eust este au labeur et a conduire ses exercites:
non pas a repos a son palais il neust point veu la bel
se humanite de Bersabee.Considerons aussi que cō
me iadis veillāte au labeur des batailles froissa les
hauttesses de Cartaige.Apres soubdainement elle
cheut par paresse quant elle cessa labeur.Et iamais
tant que les rommains vesquirent en cheualerie ɀ en
sueur de bataille:il ne se seroit bataille ne ennemy
contre eulx.Car tant estoient diligens:vigilatif:et
labourieux en faictz darmes q̄ chascun les doubtoit
Mais par paresse:accidie et luxure ont perdu la ieu
nesse roumeur et toute force ɀ robuste vertu.En ce
ste maniere est cheute romme qui tant inclite ɀ noble
au parauant estoit.Car premierement par guerres
estranges :et par mars ferocieux icelle romme belli/

Accidie viciū
metuenda

Virgilius
Roma labo/
re.

que paissoit et nourrissoit les fors et ieunes hômes:
mais depuis quelle a este froissee par luxuriosite:pa
resse crapule:oysiuete:prodigalite:z autre lasciuieu
se maniere de biure obeissant aux desirs de luxure il
lecebres et ors esse a perdu toutes ses forces:si q par
paresse z laschete dicelle les roys seur ont este ostez:
z les empereux:z les senatz transferez en estranges
Mathei. xx.
Quid hic sta
is.
nations. Nostreseigneur reprent les paresseux et dit.
Que faictes bous icy oyseux allez en ma bigne sa
bourer. Ceulx et celles qui par paresse delaissent a
seruir dieu et perdent se diuin seruice de dieu z les p̃
dications sont en boye de damnation eternelle. Er
emple dun religieux paresseux q iamais ne bouloit
riens faire:ainsi comme dit saint gregoire en sô dya
logue: auquel il luy estoit grief quant len luy ploit
de son salut il ne bouloit faire ne oupr bien: z a tout
bien estoit paresseux. Si aduit quel cestuy religieux
fut malade iusques pres de mourir:parquoy to⁹ ses
freres se bindrent beoir:et côme il labouroit au der
nier pas de la mort il sescria et dist a ses freres. Des
partez tous dicy allez bous en:car ie suis baille a bng
dragô pour me deuorer:qui ne me peut deuorer pour
bostre presence:ma teste est iu en sa gueule absorbte
donnez luy lieu pour me deuorer:parquoy ie demeu
re trop a estre deuore pour bous. Adonc les dis freres
luy dirent. Frere quesse que tu dis:faiz le signe de sa
croix. Et il respondit:ie la beulx faire : mais ie ne
puis pour ses escailles de ce dragon:adonc les dis fre
res se prosternerent a terre et prierent dieu pour luy
en plourant affin quil fust deliure:laqlle chose dieu

les ouyt: et fut deliure dicesse maladie. Donc apres
ne fut plus paresseuy: z seruit deuotement dieu:z ne
se tint plus oysif. Et ainsi est a noter que paresse est
moust a doubter.

Exortation de sobmission de
bonnes oeuures selon les cinq bi
erges qui apporterēt seurs lāpes
pour estre alumees: z sont a cōpa
rer aux cinq sens dessusdis z a sa
porte de ses pouse

FOlles qui desirez a entrer.
Dedans la nauire de grace.
Il vous fault premier aporter.
En voz lampes de shuysse grasse

Quinqʒ fa
tue acceptis
lampadibus
nō suͤpserunt

Puis bous autres par longue espasse
De la lumiere pour bous conduyre
En tous lieux et en toute place
Qui fera boz bontes reluire
Les cinq prudentes bous fault ensupure
Qui apporterent leurs lampes pleines
De belles huplles fleurans comme mirre
Aussi cleres que eaues de fontaines
De hurter ceans perdez boz peines
A la porte des cieulx descouuerte
A bierges qui font folles et baines
Jamais elle ne leur ouuerte.

leu secum &
causa est ia/
na.
Hathei.yb.
uce.yiii.p.
si.

Es folles qui par leur negligëce obmectët
a faire de bonnes oeuures ne seront pas bñ
arriuees au ropaulme de padis. Et si dauë
ture ilz ont autresfois cōmence: il ont mal continue
et ne continuent point. Parquoy sont acomparez aux
cinq bierges qui bindrêt frapper a la porte de lespou
se apres que tout fut clos ꝗ lespouse dist ie ne bous cō
gnois: icy bous benez sans clarte. Donc mect le pro/
sude. Tous ceulx qui alument leurs lāpes de huple
se flagrant ꝗ odorāt: ꝗ tiennēt lucernes ou lāternes
flagrātes du feu rutilant ꝗ resplendissant prendront
les doulx soulas du ropaulme perpetuel : ꝗ enseble
leur sera ouuerte la porte frappee ꝗ boutee sōdaine
ment. Au contraire auront ceulx qui sans lumiere
de saigesses et de bonnes oeuures biendrōt a la por/
te: car il leur sera dit ce que mect lescripture a propos
Les cinq folles portoient bien leurs lampes : mais
elles ne prindrent point de lhuplle auecques eulx.

Capades ac
cendunt

Ainsi que firēt les prudētes ē leurs vaiseaux auec
ques leurs lampes. Parquoy elles entrerēt les pre/
mieres. Finablemēt vindrent les aultres disantes.
Seigneur seigneur ouure nous la porte qui est close.
Et le seigneur leur respōdit. Veritablement ie vous
dis que le seigneur leur respondit. Departez vous de
moy toutes q̄ faictes z operez iniquite z allez maul/
dictes ē feu eternel. Helas cueurs mortelz profons
prolongiez ē leaue du monde precipite ie vous prie
querez la voie salutaire. Ē tenebres obscures et es/
pesses est la pensce humaine enseuelie: car lhōme ne
traint point les glaiues a trops poinctes de lassus.
La vie des folz et folles se orbit: et est cōfite et mes/
lee es choses mauluaises. et plongent leurs cueurs
sauciez et blecez ē la mer tumide et enflee. cest assa/
uoir en la mer des pechez. Que te pourra prouffiter q̄
iadis tu naies fait pures et bonnes oeuures. Que te
prouffite q̄ tu aies dresse les autelz pour brusler les
encens. ne que aies offert la diesme de biens faictz et
de tes richesses venans de terre. Que prouffite vne
ieune folle par ses premiers ans auoir resplēdi ē
vertu sacrce. et puis a la fin quant elle est ancienne
laisse le chemin de vertu et tourne aux vices. Que
prouffite maintenant auoir enseigne aux folz et fol
las les enseignemens de la foy catholique qui ne la
retiennent et ne la veullent aprendre. Comme ainsi
soit que dieu omnipotēt iuge les mortelz a la dernie/
re heure. Et que la grant tube et trompe les appelle/
ra tous. lors chascun sera cōtraint de rēdre les faictz
de la vie passee. par les quelz il prēdra dignes loyers.

Heu p̄cipiti
mortalia.

Quid p̄desse
tibi.

Qui cupit extinctas. Qui desire alumer en huylle de vertu ses lumieres et lucernes destainctes. Alors que sa pensee chancelle ou meure: τ que sesperit sen fuyt tousiours il sera fol sil nespere et ne cogite ne ne craint les tristes parolles de septreme iugemēt. Se ainsi est que le saige meure soubdainement ou chaie malade: et nest pas pourtant venue la mort miserable dicelluy. Pourtāt quil a permis peines iustes a cellup enuers lequel demeure vie par eternelle lumiere: mais les folz et folles secordez. aus quelles les precordes sont aueu gles ne permiect riens de bon: mais attent iusques a lorrible iour du iugemēt que les membres diceulx soient tumulez ou sepulchre eternel et en pouldres τ en cendres espesses ou trebuchera la maaluaise pensee diceulx. Helas quel pitie: nous ensuiuōs les choses mortelles τ desprisons la disposition de mort future. Et ainsi folle curiosite τ maaluaise rauist les folles. Combien que dieu ne desprise pas ceulx qui viennent a la derniere heure. mais il desprise ceulx quil scait bien ou il nya point de seurte quina rien certain: et sont tant folles que tousiours attendent eulx conuertir. Et ainsi quant ilz se trouuerōt prins la lumiere estaincte: et ilz viendront dire que on leur puure la porte. On leur respōdra. Nescio vos. Je ne scap qui vous estes.

Exortation de limmoderee: laide: ville: et orde turpidite des folles qui a table ne scaeuent leur contenance et menguissent comme pourceaux.

UEnez folles a ceste table
Uenez veoir le contennement
Qui est uille et detestable
A gens qui viuent sobrement
Uenez veoir la gourmande gent
Qui boit et mengeust a oultrance
Chascun deulx est fort diligent
De bien remplir son orde pance
Uenez folles qui par plaisance
Auez mis de tout vostre cure
A despandre vostre substance
Pour soustenir vostre nature
Considerez quen pourriture

fiat mesa eo
ru cora ipsis
in laqueu et
in retributio
nem et in sca
dalum.

Voz corps seront mengez de vers,
Et de vous seront nourriture
Quant dedans terre gerrez enuers !

Elon ce que touche ceste exortation de folle
ment se côtenir a table est faicte icy vne face
cie des follies et deshônestetez que plusieurs
folz et folles font et disent en beuuât et mêgeant en
la quelle maintenât se côtiennêt plusieurs en la ma=
niere de porceaux. Et dit lacteur ainsi. Droit est de
paindre les obscenes et ordes coustumes de la table
et cônumerer les folles manieres dicelles : car entre
plusieurs maintenant estans a table il npa quelque
bonte : ne parolles, sinon toute paillardie a infamie.
Et dit le monde maintenât en maniere de porceaux
mais selon lescripture a ce propos aulcuns sont tant
adonnez a gulosite que de la table ilz font leur dieu,
et disent entre eulx. Nest ce pas le mieulx q̃ les hôes
et femmes puissent faire q̃ de mêger a boire et mons
strêt a leurs ames les biês de leur labeurs en disât :
nous nauôs q̃ nr̃e vie en ce monde. Et pource q̃ ien ay
parle par deuât ou sens de gouster iay encores voulu
associer plusieurs folz a folles en ceste nef q̃ sôt trop
curieux destre trop lôguemt a table en ne pêsat sinon
a leur vêtre et plter dinfames vices, mais lescripture
dit vng prouerbe quô doit tousiours blasmer gourmâs
et dit. quon doit têdre sur vne table vng rethz pour prê
dre iceulx crapuleux gourmâs a gourmâdes en retri
bucion a scâdale ql̃ mêgussent le pain et boiuêt le vin
de impiete et de iniquite. Le iuste mengut et remplit
son ame de côtemplacion, mais le ventre de telz folz

et folles est insatiable.pourquoy il est deceu de faire
môter aucûs folz z folles en ceste nef affin de lesplit
car irreuerêtement gettêt z demainêt les pains z les
fercules de la table en la maniere de pourceaux.z de
uorêt grâs biês q seroiêt biê duisans aux poures.Et
pource que iay ple des bâcquettz par cy deuât ou il se
fait plusieurs follies z ne sont q actraimês de maul
uaises pêsces.Icy beulx reprêdre iceulx folz z folles
q de telz mêgers sont tât ingratz.qlz ney rêdêt a dieu
nre seigneur nulles mercis pour le don de ses biês ql
leur dône.Les folz z folles tiennêt leurs leures sor
dides z soillees toutes plaines de baue et de saliue:z

Sordida lá
bra tenêt.zc.

portêt de leurs ordes mains choses spurques z puis
mêgussent apres:z mettrôt telz ordures en leur bou
che.Au iourday de force de boire z de gourmâder on
beoit a plusieurs les yeulx aussi rouges q feu plus
sachieux q bieulx chatz:z tât sont ors z sales q cest
pitie a beoir.Ceste coustume a pollu lame z la lasse
torrôpt le corps z nest riês pire q ebriete ptuuuslé.elle
induit diuerses maladies:lasche le corps:froisse les
nerfz:z côtamine le chief.O laides meurs en quelle
part est puenue la côtenâce de la table:le modere hô
neur.la frugalite:la psymonie pcedête Du cest passe
hôneur de biure.En qlle part est la mondice la necz
tete de la table:et le beau cultiuemêt dicelle.Helas
la moderee coustume de la table est maintenât fail
liee Il ya bng aulstre bice q p maniere sinistre turpe
z hônnist la table.côtamine les purs degrez: pource q
les folz z folles metiêt leurs subselles z marchepiez

Est et aliud

es pmiers sieges:z beult bng ort ieune garfon estre

bicium.zc.

a table premier q̃ lâcien:ou vne folle fême assise pre
mier q̃ son mary:z fault q̃l la serue.Maintenât hon
uestete ne monte plus aux premiers sieges:parquop
deuõs desormais aux plus laitz ors z villains hom
mes ou fêmes les pmiers poculcs z hanaps.Et nest
aulcune differêce des psonnes ou il npa nulle honte
si q̃ toutes personnes ont maintenât les tables irre.
uerêtemêt.Parquoy ilz pechêtz auecq̃s leurs maine
leurs gorges:leurs leures.z generale mêt a to⁹ leurs
cinq sens:z côsequêmêt a tous les pechez mortelz et
brâches diceulp.Et gloutist vng yurõgne sa souppe
puis incôtinêt la vomist.Eun de son ort doid z vilain
touche premier les viandes de la table:et de son nez
mourueulp degoutât quât il le torche a main nue:cõ
spue les viâdes lautre seiche le hanap auecq̃s ses le
ures:et vuide la boteille:z puis derechief vomist ce
q̃l a beu.Puis q̃lz sont biê yurres ilz châtêt z abapent
cõe chiens:z par grât clameur fatiguêt laur tât q̃ tout
est estonne:iurêt:maulgroiêt:z font mille nephâdes
contre dieu.Les folles fêmes yures sont couchees
a terre toutes descheuelees côme pourceaulp:dieu q̃l
vie hõneste z bien obseruee.Maintenât a sardanapa
lus des côpaignôs z des folles assez.les q̃lz par orde
volupte côtinuelle refait z appaise choses imoderez
Mais pourtât q̃l nest pas en nostre puissance de des
clarer toutes les vilenies de sa table z les griefues
follies qui se dient z font.Car sa maniere de viure
nest pas a tous ainsi cômune ny egalle z ne se regis
sent pas en telle maniere:soubz breuite nous passons
z ne parlôs qua ceulp q̃ ce font.Car aultremêt viuêt

Cantat z la
trant.zc.

les grietz:aultremit les satins q ceulx de la terre theu
tonique nebit'en sa coustume.Et en aultre maniere
sont leurs conuiz z banquetz les sauromates en boire
z en menger. Les turcs aussi daultre maniere. Les
meurs des hommes z des femes sont diuers. les volen
tes differetes lune a lautre.les vies de pluscurs sor
tes:z nest point la vie des hommes z femes tout vng.
parquoy ne peult estre que les vices fussent egaulx.
Mais ie admoneste q chascun en sa qualite fuye z de
uite villaines polles a table. Et au soing de sa bou
che repelle z degette leurs meurs des pourceaulx z de
bon cueur rende a dieu se pere nre souuerain seigneur
grace:z desire le sacre chemin de psperite: Car le di
uin conducteur:facteur:z createur de tout le monde: et
de toutes choses q sot sur la terre ne nous a poit creez
au boire:a la viande.ne aux gulositez z gourmandises
corporelles.mais nous prenons le boire et la viande
pour la soustenace de nostre corps.mais il ya manie
re aux choses mesure:z honeur den prendre modere
ment et raisonnablemet.Car par trop boire et menger
la psonne meurt:z par trop pou aussi.mais no9 trou
uons q par crapule.gulosite z gourmandise plus dho
mes et femmes meurent que par glaiue ou traictz ou
par mort no engedree.cest adire comune. La court de
grans seigneurs come empereurs :roys:ducz:z contes
z aultres de grat auctorite.aultresfois donnerent et
baillerent aux simples hommes meurs approuez louez
vrbaines dignes z bones affin de viure honestemet.
Si q entreux se reputoiet ceulx q vne fops pouoyent
approucher de la table dung roy:ou vng prince pour

Quilibet in
mensa deuis
tet.ec.

Exportation de limmoderee

Beoir le grant honeur:la gracieufete et moderee côte
nance q̃ fen y tenoit. Et maintenãt la court des nobles eft corrûpue:maligne ҳ plaine de toutes faulce-
tes:ebriee.ҳ plaine de toutes crapulofitez ҳ glouton
nie:multibibe. ceft adire moultbimãte:et garnie de
gens purongnes:fediloque: ordemêt parlãte de poil-
lardifes infames:ҳ de toutes mefchãfetez.Et pource a perdu fon nõ antique q̃ tant eftoit beau:fa bonne
renõmee et fa foy tellement que lhõneur par tout le
monde maintenãt na plus aultune bigueur.

¶ Exportation de ceulҳ ҳ celles q̃ defprifent lintro-
ductiõ de bon côfeil ҳ q̃ font marriz quon les blafme.

O Mondaines folles peruerses
Qui bonne doctrine desprises
Les cas des fortunes diuerses
Fault que maintenant vous eslises
Dame prudence contempnises
Et les ditz de saincte escripture
Des saiges et grans clercs diuises
Sans nulle raison ou droicture
Et vous trudez soubz couuerture
Dun sac faignans estre deuotes
Et semble par cours de nature
Que contrefaictes les bigottes
Venez venez folles ꝛ sottes
Venez ouyr digne sophie
Qui vous a notez tous par notes
Soubz les piedz de saincte sophie

Conscidisti saccum meū et circundedisti me leticia ꝓ.xxix.

Lhomme prudent a la collaudation des saiges et au vitupere ꝛ reprehension des folz ꝛ folles dit icy lacteur. Lhomme bō ꝛ prudēt reprent tous villains faitz ꝛ dictz: chastiant les choses mauluaises et enseigne les bōnes et iustes. Lhōme prudēt se repute tousiours coulpable en soy mesmes: euite tous maulx et choses vaines: ꝛ quiert vie bone et iuste selon que le chemin de sapience luy mōstre: laquelle selon lescripture prinse a ce propos: et assise es souuerains excelses et haultes mōtaignes sur la voie au millieu des sentiers iouxte la porte de la cite: ꝛ en icelle porte parle la digne sapience disant O hōmes et fēmes ie clamite ꝛ crie tousiours a vo⁹ et tousiours est ma voix aux filz et filles des hom-

Vir bonus ꝛ prudens

In summis excelsisqꝫ verticibus

mes et femmes.Pource bous quiestes paruules en
tendez mon astuce.Et bous folz et folles insipietes
adnimauertisses et retournez dedens boz couraiges
mes parolles.Duyez moy:car iay a parler de grans
choses:ma gorge pensera et meditera berite : et mes
leures detesteront et blasmeront totallement les fol
les personnes mauluaises.Ainsi appelloit sapience
toutes personnes ieunes et bieulp a benir ouyr de
dens sa nef sa description en reprenant ceulp qui des
prisent sapience et eportation de bien faire et de soy
abstenir de bice disant qui luy bouloient mettre la te
ste dedãs bng sac:cest adire mettre et non chaloir les
sainctes et bonnes doctrines: car plusieurs sont qui
combien quilz oient les predications z doctrines des
saiges silz nen tiennent ilz compte:mais les mettẽt
en bng sac clos et ferme comme choses sans fruict
et de nul effect:pource dit lescript. Auiourduy nest

In principio
nõ est hodie
doctrina bo=
norum ıc.

point en prez ne aulcun honneur la doctrine des bõs
mais par derision les folz et folles crachent par tout
aup saiges chappes et tocques :et sont de si mauluai
se condicion que quant ilz beoient passer bng saige
par deuant eulp ilz en crachent et en ont horreur tant
zmaintenant la bulgarite: cest adire le commun es=
saie destudier z mettre en bng sac les doctiloques ou
gecter en la riuiere ceulp qui saigement parlent sonß
stiennent berite et repzenẽt les bices.Et ainsi soubz
le pie des folz et folles gist philosophie et sapience: p
quoy les bons sont persecutez:mais a leur confort p

Nepaueas re
pentino

lescripture icy prinse a ce propos qui dit:ne aiez point
doubte pour bne repentine terreur : et pour puissance

des maulucises personnes irriuentes contre toy: car
nostre seigneur sera en ton coste ꝗ gardera ton pied q̃
tu ne soyes prins. Et finablement ne sera point mis
le poure en oubliance: ne la paciece des poures ne pe
rira point. Pource dit le saige. Tu as cousu mon sac
ensemble: ꝗ ma circunde de liesse : par ce veult dire q̃
folz sont ceulx ꝗ se mocquent des bons et les despri
sent. Car quicõꝗs tent paruenir aux haultesses et he
reasses de la sacree pallas et saincte sapience: ou de
sire auoir sõ repos en esse vienne pur et nect de mais
et de operations pudicque de sangue: ꝗ chaste parol
le affin quil porte encens fumides. Cest adire ses ou
deurs de vertu aux petis feuz desophie. Car philoso
phie colustre ꝗ regarde de ses sacrez yeulx les courai
ges: dõne les douaires de lentēdemēt ꝗ seloquēce. Et
par lenseignemēt delle nous consolõs ses pēsecs lu
ctifiques ꝗ pleines de pleur: ꝗ oste celle sapience ses
mouuemens ꝗ illecebzes du couraige des personnes
Esse dõc ses enseignemēs et les boies de biē biure.
Esse monstre le chemin des estoilles du poste ethe
real.par sapiēce nous pouons tourner en arriere ses
aduētures tristes de la pensee et ꝗ suruiennēt aux cre
atures humaines. Nous pouons aussi eppurger par
esse toutes cheutes griefues ꝗ les euiter. Car le dieu
omnipotent enuoye de la hauktesse celeste sapiēce: af
fin quelle nous donne ses cleres semēces du ciel. Et
affin que ses hommes et femmes cõgnoissēt mieulx Illius i col
lo pendent
la figure de sapience laquelle se cõpare a vne espou
see aournee de toutes mouilles et autres paremēs se
iour de sa solēpnite. Esse est en sa beaulte naturelle
                                        m ii

a son col pendant ridimicules et royaulx sacrez qui
maintenant resplendissent espanduz par le genre hu=
main:cest adire les sciences et belles doctrines donc
maintenãt tãt de saiges sõt abꝛeuez. Sapiẽce cueure
ses mẽbꝛes dun peple fin cueurechief ou gymple.
Toutesfois icelle saige minerue par le regard des
hommes de present Vestue dun poil noir espaut par
tout les purpures ꝛ belles roses rouges soubz le pie.
Mais non obstant que on la deboute et que on nen ti
enne compte:si sert elle aux saiges qui gectent ruys=
seaulx diuins:donc les cueurs des hommes et fem=
mes sont abꝛeuez ꝛ les repaist de ambꝛosie ꝛ de la de
lectable viãde du ciel:elle cõcede et octroye les vꝛays
honneurs de liberte. Et par elle ducteure demeurent
perpetuellement les cueurs francs en leur liberte.
Elle oste chasse et deboute tout peche vice et oꝛdure:
meurs prophanes ꝛ toutes villanies pensees. Et a
en soy les loyers de grace de louenge et de honneur.
Par sapience monte le saige au ciel nitide cler et re=
splendissant. Car elle ouure aux iustes les serains
doulx ꝛ delectables royaulmes du ciel. Par elle no⁹
pouons facillement extirper tous cruelz tyrans: car
elle est loyalle compaigne de vie ꝛ de benoist repos.
Sans elle prince ou roy ne gouuerne deumẽt ses sce=
ptres et dominations. Car elle est mere de la foy:et
mere de iustice. Pource ieunes et anciens toutes ma=
nieres de gente femenin properez vous et hastes de
venir au don de la noble pallas de la vꝛaye ꝛ saincte
sophie du giron:de laquelle seatist vne fontaine irri
gue vne saincte eaue quist doulcemẽt arrouse:ꝛ fait

Mẽbra tegit
peplo

Sane ppter
apiens ꝛc.

Viure les tueurs des personnes qui desirent paruenir
a la porte de salut. Et s'il ya aucune ordure le expulse
et mect hors. Parquoy vous prudētes et saiges acou
rez et deffedez vostre mineruc. Car le mauuais peu
ple vulgaire trude et gecte par tout ses enseignemēs
eh vng sac. Ainsi appert que sapience est moult noble
et q ceulx qui mectent leur doctrine en vng sac. C'est
adire qui la scaiuent et la taisent: ou qui loyent et la
desprisent sont vrays folz et folles et dignes de gou
uerner la nef.

℘ Exportation de lobiectiō de vo
luptuosite blasmant vertus.

                                   m   ii

Pprochez vous femmes mortelles
Qui desirez lieu de plaisance
Venez veoir si vous estes telles
Comme moy qui suis en la dance
Venez de moy prendre accointance
Dessoubz ce laurier souef fleurant
Venez toutes en habondance
Venez au iardin tresodorent
Venez mes mignonnes acourant
Jay par tout le monde oppertoire
En ce iardin ou suis demourant
Ay eu contre vertus victoire
Lecy vous soit a tous notoire
A tous voz mignons ⁊ complisses
Que ma volupte transitoire
Est aux iardins plains de delices
Tous mes soulas et tous mes vices
Sont dechanter et faire aubades
Folles me seront bien propices
Pour faire rondeaulx et balades.

Lescripture nous enseigne a ce ppos et dit.
Tourne tõ pie arriere du mal. Car nre sei
gneur a cõgneu les voyes q̃ sõt aux destres
⁊ bõnes pties:⁊ desclaire q̃ peruerses sont celles q̃ võt
le chemin senestre:lesquelles volupte folle tiet ce che
min q̃ dit ainsi. Jay voulu q̃rir mes plaisãces:⁊ nay
point deffendu mon corps q̃l ne vsast de toute volu=
pte ⁊ quil ne se oblectast en toutes choses vicieuses.
Qui est doncques q̃ ainsi deuorera afflenra ⁊ habõn
dera en delices cõme moy. Et pourtãt vous humais

finis volu=
tatis mors
Seneca

Auerte pedẽ
tuũ a malo.

Venez mon chemin.Et Vsons des biens qui sont pre
pares a lhomme.Et Vsons hastiuement de la creatu
re ainsi q̃ en ieunesse:car les ieulx ne sont faitz que
pour nous.Venez donc et regardez dama Volupte en
son iardin de plaisance entre sonneurs de instrumēs
souefz ⁊ doulx sonrās qui suis belle ieune fẽme tou
te nue tenāt vng peple ou gymple a mes mains locil
esueille:le pie legier:la contenance haulte couronee
dun chapeau de lorier:⁊ cõme vne dame forte ⁊victo
rieuse qui retourne en triumphe de bataille cõtre Ver
tus mon ennemie.Je Volupte ennemie a pure ⁊ sin̄
tere Vertus ay me Victoire de delices soubz ce laurier
souef fleurāt.Et p̃ tout le monde les signes de mõ
triũphe suffultz de chasteaux resplendissent. Tous
iours aspirēt mes tēps fleurs achememeuennes ⁊ sens
Violettes la fascie ⁊ conuerture de ma cheueleure cu
eillie.Ja coustume de porter quant il me plaist grau
des et larges māchez en mes coustez plus blans que
neige.Mes bras.fulgens et resplendissans cueuurēt
Vestemens de tyrie:en la facon de la terre du tir:ma
face est treslasciue ⁊ ioyeuse:mes yeulx ⁊ regards
trop plus ennuyeux q̃ ioyeux.Car ie les monstre pe
tulans ⁊ sans arrest tant quil froissent molle et ten
dre ieunesse.Je respans mes delices et doulceurs p̃
le monde:affin que mes rays prennent les tēdres pē
sees des ieunes.En mes mains ie tiens la harpe et
la plectre sonore:lucz ou aultre instrument q̃ se ioue
a la touche.Au tour de moy et ioupte moy se siet la
noble tourbe ⁊ ppagnie des ieunes folz ⁊ folles.Les
Vlādicieux charoulles ⁊ menestriez chātent doulces

Ego sui sin̄
cere Virtati.

thãcõs ꝗ dicties deuãt ma stature. ꝗ deuãt moy doiß
uẽt venir fẽmes saultereſſes pour dãcer a ma façon
de herpe:ꝗ pource ꝗ les folles menades rẽdent sacrez
solẽnitcs:adoratiõs:ꝗ veuꝫ a dieu pour leurs voluꝫ
ptez et plaiſances pour le treſ grãt dedupt ꝗl ont ſont
acõparer a moy.Car auſſi le cheualier ꝗ ſupt mes ba

Qui mea p̃/
equit miles

nieres viura frãc:ꝗ ne ſera ſubiect a ancies labeurs:
mais vſera de liberte:car il neſt point cõtraint de oß
iecter ſa teste auꝫ cruelles ꝑcelles des veẽ:ne de cou
rir la mer.Ong cheualier ꝗ ayme luꝫure ꝗ voluptuo
ſite:iamais ne orra les eſtõnemens de guerre.ne les
triſtes claſſiꝗs du dieu mars.Et quiconꝗs me ſupt
ꝗ comite il ne ambule point p̃ dur ſentier:mais eꝫpe
rimẽtera toutes doulces ꝗ plaiſãtes amours.Ceulꝫ

Qui mea ſ̃
ruit quõdã

ꝗ iadiz ont deſpriſe mes admõneſtemẽs iꝫ ont cloz et
finy leur vie p̃ douleur plõgez dedans griefz perilz et
dangiers.En ce pount on veoit que ie ſuis venus vne
deeſſe de qui lẽpire eſt cõgneu par tout le monde ſpa
cieuꝫ.Et de noſtre poictrine courẽt molles ꝗ ſouef
ues delices:riz ꝗ cantiꝗs pleins de icuꝫ.Soubz moy
auſſi ſont les treſlõgues deſtinees de diſpoſicions de
ſaine ãtiꝗte.Soubz moy ſe adnigorẽt les icurs blãs
ꝗ chanuz.et les heures ſecõdes.Iadiz paris le filz de
priã par leꝗl troye põna lieu auꝫ achains ꝗ gregoꝭ
porta en ſes mains de nr̃e royaulme les ſignes flou

Quondã pa/
nides ꝗꝯ.

riſſans ꝗ obeiſt auꝫ biẽs deſãlz eſt ma puiſſãte.Cle
opatre auſſi par honnourement et cultiuemẽt fier et
orguilleuꝫ iadiz me ſeruit.Et ſi menaꝑ mes blandi
ces iuſques auꝫ meurs canopeens.Affrique me con
gnoiſt.et auſſi hammon le cornu.Les numꝑdes in

fernes atblas mauriſien me honnourerent.Inde ve
nete et decore mes delices.Et tous ceulp ſont ſoubz
le ſoleil rutiſant a ſon leuer.nourriſſent leurs mẽ-
bzes candides:et beaulp ſoubz ma ſouefue protectiõ.
par moy ducteure ſobziete eſt pulſee z chaſſee de tout
le monde:Leſat mate neſt pas point iamais epempt
de mes dars.le partain.le gete:le hyſtrien.le tracien.
le ſicumbze qui a touſiours les.cheueup creſpes ne
ſont point auſſi epempe.Car noz traiz ſont euuoyez
par les lieup et places de diuerſes gens iadiz hon-
nourerent noz autelz.Les anciens philoſophes:deſ-
quelz les eſcriptz demeurent deffendans moy et ma
ſecte.Pourtant que noz biens prouffitẽt ſans labeur
ou trauail corpozel.Et touſiours auecques nous eſt
gloutonnie et la feruente gloire de la table: ma vie
neſt point ſoubz les heaulmes:noz corps ne couchent
point ſurdur eſtrain:ny en lict mauluais:mais ſeur
baille fine plume z mol lict pour ſeur repos.Et doit
on noter que ſi molles delices et toute lupure ne me
ſupuoient pas tant de ſi grans roys pour neant:et
neuſſent pas entre en mes doulp et amoureup cha-
ſteaup ne teuu mes doctrines ſi neut eſte pour auoir
ma volupte:parquoy ſuis demeuree victorieuſe en
tout le monde. Et de ce vous donne epemple. Sar-
danapalus qui delaiſſaſes faictz royaulp honnoura
les illecebzes et voluptez du corps en la fleur deſſes
ans. Iadiz comme la belliqueuſe ſur toutes terres
crainte ſua p noſtre amour.car les ioyes de pluſieurs
ſont dõnces en plumes molles: zne deſirẽt poit les
ieunes cueurs froit.cruelle fain ou neceſſite. Mais

Nõ mea ſub
galcis vita.

nous est repos tresaggreable:car reallemēt no⁹ nour
rissons noz oysiuetez sans pturbation.toute nostre fe
licite est en riz:ieux. plaissāces. esbatemens:a boire
bōs vins:ꝗ mēger viādes delicates. vestuz pōpeuseↄ
mēt:fuyr soucy trauail ꝗ peine. dormir lōgue matiↄ
nce:prēdre les plaisances damours ꝗ vser de toutes
gētillesses.et pourtāt bo⁹ ieunes hōes dōt les cueurs
sont tēdres ꝗ moulz.bo⁹ peillemēt anciēs desꝗlz saa
ge est plus plaine daus:baillez sa voz oreilles et les
porrigez a ce que iay dit toutes manieres de femmes
de quelque estat ꝗlz soiēt queres voz plaisāces ꝗ iou
pensetes tant ꝗ vous estes en ce mōde:car laage aux
mortelz court a la maniere deaue:ses iours courent
sans fin.Et pourtāt ꝗ vo⁹ auez temps lieu et espace
prenez viādes messlifluz et toutes delicieusetes: car
apres la mort il nest aucune volupte.Et pource dois
baent icy venir ieunes folles delicates po mperesses
qui nont antre desir ꝗ auoir leur plaisance voluptuↄ
ielle tāt ꝗl sōt en ce mōde affin de prēdre la ꝛpaignie
de volupte pour dācer ꝗ chāter auecꝗs sa deesse ven⁹
ꝗ ses cōsors:car dedās ceste nef est se iardi de volupte

¶Exortation de vertus ennemie de volupte qui re
spond au contraire et reprent ceulx et celles qui sabā
donnent a faire les plaisances de seurs corps.

Dsses femmes qui auez desir
De suyuir volupte urfaicte
Si vous me voulez faire plaisir
fuyez de volupte se secte
Pourtant se ie suis contrafaicte
Je suis vertu la decoree

Pour regir gens ie me interpreste
Icy et en autre contree
Du souuerain suis honnouree
Qui me contraint faire batailles
Contre volupte trop desiree
Qui na de corps aucunes tailles
frapper me faule destoc etde tailles
Sur son corps et sur sa teste
Et luy mettre iusques aux entrailles
Mon darc par soudaine tempeste
Soit au iour ouurier ou a feste
Par ses yeulx doulx moulz et gracieux
Par sa volupte deshonneste
Perist les folles ieunes et vieulx

PDurtant que Volupte a inuoque toutes ma=
nieres de gēs a ses delices τ a blasme la Vope
de Vertu et sa prudence. Maintenāt la bonne
dame Vertu qui est saige et prudente abillee en lestat
de ssimple et vieille femme ayāt sa quenoille au cou
ste sollicite de son estat: pēsante a son affaire, regar=
dante a la fin: et non curieuse des folles τ Vaines vo
luptez: et rend vne saige respōce et cōsidere ce que dit
lescripture icy prinse a ce propos. Et dit que de la ter=
re a dieu cree lhomme et fait a son ymage. la Vestu se
lon foy de Vertu: luy a dōne temps et nōbre de iours
auecques puissance sur toutes choses qui sont sur la
terre: mais cest pour en vser par raison et par bonne
doctrine de sapience. Parquoy Vertu qui a ouy toutes
les Vaines parolles de Volupte: et a souffert son in=
utile propos et dit en chant elegiaque. Folle Volupte
saine de vouloir: de pensee: et dentendement: pour=
quoy me blesses tu ou vituperes comme il te semble
par ton dictie et chant plain de Vauerie: de faulcete: τ
de Vaines parolles. Et auecques ta poictrine qui est
imbellique et sans quelq̄ deffence appareilles batail
les cōtre moy. Respons et ditz fallacieuse τ tresmau
uaisel parquoy decois tu ainsi par art et abusion les
simples cueurs miserables. Pourquoy tresbuche tu
chascun iour se mōde par tes ordures et illecebres vil
lenes et ordes luxures gloutes: car en tes blandices
il nya que gloire: ebriete: vurongnerie. et fallace: in=
famie auecques ses pennes et aesles qui vollent au
tour de toy. et soulle tes chasteaux. Ie confesse que
tu es tonsiours lassee dung beau cheuestre: tes yeulx

Deus crea=
uit de terra
hominem.

Ego fateor
pulchro sem=
uer laqueata
capistro.

sont molz et tendres : ton front trespetul que a nō raf
fiz. En ta teste tu as splendeur treffulgente : uisser no
ble : tu as redimicules a iopaulo precieny : tu as cha
peaux de lorier ou de quelque couleur purpuree : les
manteaulx de tyrie te couurent. Les baltees le pour
pre taint en couleur syndonique. mais tu ne portes
point armee forte ne vertueux heaulmes ains auec
ques tō corps nud a deceptif allices a attraictiz a tra
pes a toy les hommes nubelles qui sont effeminez a
nont ne couraige ne vertu ne quelque affection dō on
neur. Iouxte toy sont les arcs a sagectes de venus a
de cupido son enfant qui est aueugle. Ta dextre tiēt
ung mirouer onquel resplendist la tourbe des maul
uais : ta senestre main tient les luxuriosites et tout
genre de mal. En tan front il nya quelque candeur
ou quelque blancheur virginalle : mais vne spurque
et orde libidinosite : en tes parolles nya aucune bon
te : mais toute paillardise : en toy nya aulcū noble ieu
mais de toute infamie cautelle et deception : par toy
au mōde sōt traictiez les faulces et doubles amours
et es ducteure de tout mal languissant. Les fors mē
bres des duez a capitaines de guerre affetordez et ad
uichilles par toy perit toute noblesse : a nya si noble
de sang sil saccounte de toy qui ne soit repute villain
Et se la venerable ieunesse est vne foys adōnee a toy
et a tes desirs tu la de seiche toute. Par toy souffrōs
les discrimes a blasmes de toutes maladies et po
uretes. Et finablemēt les mortalitez soubdaines et
villaines nous aduiennēt par toy tāt que noz corps
chaient es fosses a marctz stigilles : cest assauoir ou

Tu facis in
genuū torpēs

puis denfer. Tu fais lengin ou entendement des hō
mes qui te suyuent torpant pesant et paresseux: tu in
fectiōnes et empoisonnes les chastes poictrines et ne
seuffres point les sens des hōmes estre bōs. En toy
decroissent et faillent les couraiges. Et se vng hom=
me de condition naturelle auoit hardi couraige sil te
hante il deuiendra lasche. Par toy sont desliez et so=
lux les membres du corps: et faiz tousiours aux hō=
mes viandes de doulceur. Et pour vne vaine doul=
ceur bien petite que tu leur dōnes: il fault quilz souf
frent apres mortelles douleurs. Car par toy vien=
nent les maladies letalles et tout gēre de delice. Tu
fais les ieunes hommes imbelliques alors qlz deus=
sent exercer leurs corps aux faitz darmes pour ac=
querir gloire. Et mieulx ayment estre en queūq pail
lardise a honte regardez que en faictz darmes honno
rables prisez et honnourez: par toy concroist petulāte
vieillesse. Et adoncques que les vieilles gens deussēt
cesser toute follie et se reposer: tu les fais courir: dā
cer et follastrer. Parquoy tu es vne orde beste. Tu

Pellicis in
fraudes

pellices et boutes plusieurs en fraudes et deceptiōs
et en tenebres de vie. Car tu es si orde: si impure et in
fecte q tu nenseignes rien chaste conspicu ne hōneste
En toy na point de raison: en toy ne sont point aucu
nes semēces de pure pēsee: en toy nya aulcun bon en=
gin ou entendemēt: sinō pour mal dire et mal faire.
Plusieurs roys: ducz et baillās capitaines eussent eu
haulte renōmee silz ne se fussent point adsubiectiz a
tes delices et volūtez mauuaises. O villaine et maul
dicte volūte tu as tourne ce dessus dessoubz: abatu: et

rrectz au bas les murs dardaniés z pgames de trope
Par toy gissent abatuz et destruictz les orgueilleur
ropaulmes de parthe:les ropaulmes dasie:tu as cõ
summez et gastez par lurure borace:et par tes immo
detez z deshonnestes desirs tellement quil esquallis
sent et deuiennent ors et puans. Obrũps sont par
toy les tresors perduz et gastez des dannoys:les citez
de sodome fonduz: la cite de corinthe destruicte: et
toutes les maisons tharen tines. Les ropaulmes ni
lotiques qui sont au tour de nil sont cheuz et reinplis
de ton ordure. Les assiriens et les montaignes syba
rines:rodes millan et aultres gens cest chose mani=
feste que par volupte et par choses desordonnez aur
treffois ont este gastez comme les traciés: les gectez
et aultres que par tes maulr z infaictz blãdissemẽs
que tu as empoisonnes et corrumpuz: maintenant
est mon sort meilleur :ma condicion plus honnoũra
ble:ma vie plus digne:ma boir plus seure:z ma fin
meilleure que nest la tienne:car par moy appartiẽt a
lhõme vie eternelle et gloire acquise en eternel degre
par moy apparoist la porte du ciel ouuerte. Hercules

Menia dar
dani duz ver
tifti.

Sors mea
nuter melior

amphitrionade bainquit les perilz horribles et a tra
indre par mon moyen tant que maintenant il est col
loque auecques les estoilles du dieu celeste:par moy
prosterna et abbatit par armes les gens barbariques
Jules cesar conquist par moy aur rõmains moult
de ropaulmes.Aussi alerãdre le grãt acõpaigne de
noz vertueur hõneurs fut pugniace de egin z souffrit
cruelles batailles dõt il paruint a son hõneur:z suis

n ii

blement fuſt paiſible de la monarchie du mõde. Pa
reillement paulus emilius conſul de romme par le
moyen de ſes vertus.et moy ducteure de ſon faitſai
quit le roy de perſe et donna nobles trophees ã nome
de victoire auÿ rommains par moy ducteure de tout
bien reſplendiſſent les haultz honneurs de ciceron et
Virgile:lhonneur et gloire de la thoque rommaine.
Le ſaige ariſtote auſſi enſuyuant noz preſens enſei
gnemens. Platon le diuin qui fuſt ſi grant que oul
tre ou monde ne le prefera. Jadiz me hõnoura et euſt
en grande reuerence la candiſſe tourbe des docteurs
philoſophes.Car par nous bault lengiñ: leſperit: le
ſens:lentendement:et le langaige de lhomme : tant
que la renommee de noſtre nom tire les hõmes auÿ
louenges des dieuÿ ã aulÿ doulÿ et gracieuÿ dõs di
ceulÿ:pourquoy repeteroy ie pluſeurſ vertueuÿ pticu
liers contre toy:ã orde ã infame volupte.Regarde q̃
par tout le monde eſt noſtre gloire renommee ſalut
louenge ã honneur:mais en toy ſont luÿurioſitez ap
petiz deſordonnez orgueil commerces fedes orſ et in
fames et de ta bouche court et diſtille touſiours mal
putide ã infaict:en moy ſõt richeſſes:choſe iuſte droi
cte et bonne:ma maiſon eſt chaſte ã en haultr mõtai
gne ſont mes penates et imitateurs. Tonteffois no
ble labeur les monte par tout. en vertu eſt labeur.Et
fuyr volupte eſt repos touſiours amiable auÿ grans
hommes vaillans ã vertueuÿ qui iamais ne ſont tãt
aiſes q̃ a trauailler:labourer et eÿerciter leurs corps
auÿ oeuures de vertu veilles ou non:enſuyuans par
engiñ la haulte renõmee.Du ſil te plaiſt reuoluer et

Jn me diui
ſe iuſtum

ét tourner les signes de la deesse armissionne:ou par
faueur merite tracter les choses ciuiles:moy ducteu
re tu fais toutes choses de couraige nõ froisse. Cest
a dire que quiconcques veult faire quelque chose vir
tueuse de gentil couraige:labeur ne luy est point gre
uable.Et finablement montera aux estoilles du pol
ethereal celluy que labeur et sueur tourmête pour la
mour de Vertu:car Vertu seulle regist & gouuerne ses
terres.et domine en hault en paradis:& a sa plaisan
ce deuise et depart ses benoistz dons a ceulx qui ont
suyui sa Voye selon le merite diceulx. Pourtant vo⁹
ieunes hõmes & femmes tant que vous auez se têps
et que ses disposicions se permettent ostez gettez au
loing et expessez toutes ses vanites et illecebres lu
puriculites du corps et de peche mortel damnable:
mais vestez voz couraiges de lenseignement de Ver
tu affin que voz poetrines & cueurs sachêt que cest la
Voye et droicte foy en quoy toutes vertueuses person
nes veullent viure et se doibuent scauoir pour bien
mourir quant au corps:et viure quant a lame qui est
chose aux hõmes & aux femmes de grant reno mmee
auoir la force de vertu auecqz soy pour resister aux
supersticieuses delices de ceste vie mortelle.

Exclamation des folz et
folles pour venir a la nef
latine associee de toutes
manieres de folles pour
gaudir et demener ioye.

                                    n iii

Candacius·

Uenez folles innumerables
Sans fin et toutes furibondes
Nous vous ferõs tost secourables
Contre les maruiques ondes
Venez a grans monceaulx et sondes
Sopprimez nectez ou retardes
Venez nager auṗ mers profondes
Vous qui a follie pretendez
Despeschez vous tost plus natēdez
Qui nauez nef trouue ne forte
Pieca vous aṗ toutes mandez
De venir ceans eŋ grant cohorte
Toutes folles ie reconforte

Venans destranges regions
Je les esbaudiz et asforte
A folz de plusieurs nations

Ly est vne nef latine ou barque sociale pour
tant quil ya plusieurs folz et folles en ce mon
de qui pour cause de ioyeusete sont bien aises
a volager et auoir compaignie de sorte. Ainsi est faicte
ceste nef sociasse come lieu publique de toute comuni
te appareillee a receuoir toutes manires de person
nes folz de quelque condicion ou estat quilz soient: qui
ne pourroient auoir place aux aultres nefz ou seroiet
trop tart venuz pour y entrer. Dont dit lescripture.
Maintenant nous plaist et est conuenable mener en
nostre classe tourbe et compaignie dinnumerables
folles dont il en est sans fin. Et pourtant aulchun
na pas trouue lieu propre sur soy si bienne nager a
ceste barque: et se prennet aux cordes et auirons de
sa nef auecques ceulx qui sont dedans: et il sera receu
Volentiers. Et fait vng des folz vng tel cry qui porte
en lestendart la teste dung fol en inuoquant toutes per
sonnes folles vacabondes pour venir chanter le gau
deamus auecques la compaignie qui ne cesse de chan
ter chacoye des liesses sans aulcun souci. donc sont
les folz et folles bien aises destre beaucop en leur so
cienite: car come dit lescripture a ce ppos Joie est aux
meschas et miserables dauoir compaignos en leur peine
mais pourtant ne ardront pas moins ceulx q seront
auecques plusieurs a brusler: q ceulx qui serot en pe
tite compaignie: car tant plus ya de combustibles en
vng feu et plus est grat. Pourtat ceulx q se resiouis

sent entre les folz ז folles de ceste maniere ז coputet
leurs delices en folles compaignies:ilz sont filz des
folles ז des non nobles opprimez en leurs sentes co
me de fluctuatios ז tepestes de mer Ilz sont freres ז
seurs des dragons: ז compaignons des destructions
des poures ames:mais ainsi fut: ז est: ז sera g̃ tous
iours toutes manieres de gens querent leurs sembla
bles.Pourtant dit lescripture:Acourez folz et folles
de toutes sortes:nous fulcons tournos ז viros aues
ques hasti; aduirons.Si que la grāt mer immense ז
sans mesure foule noz carbases:mais voicy la classe
sociable ou toutes psonnes folles doibuent acouoir.
Hastez vous donc folz ז folles puremēt folles ז sās
aulcune espece de saigesse.Car le nombre de nostre
secte est immēsurable:et tent les oreilles a diuerses
gens ז peuples destrages nations.Certainemēt nos
stre cohorte coplectist ז ambrasse tout le monde.Et
sont peu de gēs qui noz alliances de follie ne touchēt
a nostre nef.Venez les folles de asie creez soubz le so
leil rutilant affin de tirer les voelles hastiuez des
fins ז mectes de la terre de libic:de la terre chaulde.
Les mausites imbelles:les ethiopiēs noirs.Hesperi
ens:gauloises:bactriēnes:tylenoises:brettes:cym
briennes:tourrēgoises:miltennoises romaines:yta
liennes:neapolitaines:laciennes:arctoliques.Et
toutes manieres de gens ensemble qui regardent le
monde viēnēt et passent pour entrer en ceste nef.Les
ieunes viennēt auecques les anciēs:la folle pucelle
auecques la folle mere.Si que en nostre nef aulcun
lieu ne peult estre q̃ ne soit touche ז plain.Et pourtāt

Currite ful
mnis.

Vous folles sodalles properez vous & acourez a la
classe legiere & hastine. Voicy le temps quil fault sul
quer et auironner la mer et mõstrer la voelle au vẽt.
Pource acourez hastiuement car la nef est cõtraincte
des fluctuacions des vndes de la mer. Maintenant
reste a penetrer vne estrange region. O folles sodalles ie vous requiers acourez auecques piedz hastiz.
Nous tendons aller au pais des narragoniennes et
contrees promises: et sommes contrains entrer en la
terre stolide voluntairement. Touteffois plusieurs
discrimes vices et pechez nous gettẽt en la grãt mer
tumide et enflee tant que leaue frappe a grande roi-
deur contre les bors du nauire: donc les pieces rõpro
ient soudainemẽt se elles nestoiẽt doubles. Et fault
q nous appellons fortune auecques cruelle clameur
pour nous secourir: car les mauluais veulz et desirs
de ce mõde ne nous aideront en rien. Par variables
cas: aduentures: et cruelz dangiers de la mer nous
fault courir. Cest assauoir par les dangiers de ce mõ
de que nous acomparons aux bonnes oeuures que
auons faictes qui sont plus grans horribles & plus
incongneuz que ceulx de la mer. Et nya aulcune ma
niere ou mesure de vie: car il fault que nous souffrons
les cheutes: tempestes et les disposicions naufrages
ou millieu de la mer. Et dedans les eaues siculien-
nes nous voyons & attẽdons la rage du peril de mer
nomme syla. Et vollẽt noz transtres ou gurgite & en
gorgement dun aultre dangier de mer dict caribdis
la ou les nauires perissent & ne scet on quilz deuiẽnẽt
Auecques inert & mauluais aduirons nous sulcons

et cnuironnȇs par les fprtes libiques qui font aul(t)
tres dȃgiers de mer en la cofte de libie. Nous Boyȏs
deuant nous les horribles mȏftres de la mer. Nous
Boyons les feraines tritones qui font les blandices
et deceptions du monde qui nous endorment ainfi ȃ
les poetes faignent que les feraines chantȇt fi doulȥ
cement quil font perir les nauires ⁊ endormȇt ceulx
qui font dedans: Nous torpiffons ⁊ dormȏs au chȃt
par lequel fprȇ: ceftaffauoir le monde ȃ empoifonȥ
ne et infect noȥ oreilles: ⁊ nous foule de fommeil lȃ
guiffant: nous regardons ⁊ Boyons dedans la foffe
fpcufe ⁊ de tprannie cyclops le tirant inhumain que
Blipes prince dulichien trefdoulcemȇt parlantȥ forȥ
me de elegance le craingnift. Ou eft doncques bien

Quis locus ft tutus.

feur la ou maintenant les folz fe peuuent confier et
edifier certaines maifons quant chafcun iour nous
fommes inceffammȇt profternez ⁊ gettez dedans les
eaues tumides: et fupt noftre nef le port feur. Ceft
adire comme ferons affeurte en ce monde qui eft Bne
mer plaine de fi grans dangiers quȃt a chafcune heu
re nous fommes plongez es Bndes des Bices: et ne
Beult noftre nef. ceft noftre Bolente tirer a bon port:
ne a quelque Bertu. Helas ce Biȇt par noftre merite:
car par aufcun cultiuement fapience ne nous a tire a
foy ou nourrift. mais en ftollide ⁊ folle main fichȏs
noȥ armes cȏtre elle. Helas la deeffe de follie nous a
bien baille maintenȃt les breuuaiges de cyrce: ⁊ par
fon chant deceptif a frappe noȥ poictrines laffez ⁊ de
bilitez. O miferables fodalles que nous prouffite
errer: et tant adonner noȥ cueurs aux Bices ⁊ follies

Oftez les dõc ⁊ plus toft querez duecques piè ftabile
⁊ ferme les riues de la mer:⁊ la terre ferme fans ßo
ßouter au grât dangier:affin q̃ les monftres nepton
niens ne r auiffent point ßoz fragilles carines et pe
tites nacelles que leaue de la mer auffi ne abforbiffe
point ⁊ fuccõbe ßoz nefz. Ceft adire q̃ les ßanitez de
ce mõde ne corrõpent point ßoz cueurs ⁊ ßoz entende
mẽs qui font les nacelles q̃ ßous cõduiffent aux ßẽs
et tẽpeftes du mõde.Et fe bien ne les gouuernes par
le gouuernail de raifon ⁊ par les aduirõs ⁊ enfeigne
mẽs de fapiẽce a chafcũe heure en dãgier deftre noiez
de perilz entre les mõftres horribles et efpoũãtables
dedans la cauerne denfer.

¶ Exportatiõ aux folles pour ßenir a la nef diuine.

Proches folles hitement
Du nauire moult precieulx
Et vous verrez presentement
Crucifie le dieu des cieulx
Qui est vng mirouer sumptueulx
Pour mirer les sotes et sotz
Cest vng exemple sumptueulx
Qui bien corroderoit les motz
Icy verrez iesus en croix
Et sa mere bien fort plourant
Et puis sainct iehan côme ie crois
Qui marie y est côfortant
Les quattre docteurs côduisant
La nauire de iesucrist
Pource acourez y courant
Et puis vous lires mon escrit
Venez folles dalmagne
Soit despaigne ou picardie
France: escosse ou bretaigne
De loraine ou lombardie
Dangleterre et normandie
Rommaines ou parisiennes
De bourgongne et descl auonie
Espagniolles et veniciennes
Venes folles de dela mer
Habandonnez ysles et maisons
Villes chasteaulx sans rien blasmer
Et venez ouyr mes raisons
Car ensemble la paix ferons
En congnoissant vostre follie

Et le filz dieu recongnoistrons
Cest celluy qui bien le fil lie
Venez folles du lyonnois
Du daulphine de limosin
Flandres et du pays turquois
De sauoye ou de beauuoisin
Licile ou pays sarrasin
Dauuergne et dalbanie
Naples ce pays tartarin
Des itales et romenie
Approchez ceste nauire
Et grant science y aprendres
Despechez ce le vent vire
Rien comprendre vous ny pourres
Car viste courre le verres
Dedans la mer pource ie dis
Venez tost et dedans entres
Et vous acquerres paradis.

Qui male a git odit luce.

Qvi mal fait hait la lumiere eternelle et ayme sa dampnation. Parquoy entre vo⁹ tol les femmes qui auez follie et vse vostre vie en plaisance mondaine selon les cinq sens approchez vous et venez en ceste nauire qui est la vraye nef eternelle et celle ou les folles peuuent prendre et recou urer sciece apres que elles ont par long temps regne en folles modanitez. En ceste nest vous pouez veoir le filz de dieu lequel est crucifie pour noz follies et pe chez et a sa mere aupres de luy et son consin germain sainct iehan euageliste: puis les quattre docteurs de leglise conduisant ceste nef. Venez folles venez plou

Ad pedē cru/
cis debemus
flere

Stulticia &
in peccato

Vita sine
morte etc.

Frigus insu
perabilis ig
nis inextin
guibilis etc.

Dānati eniz
la bebūffle/
ḡ proculis

Dere sagores
sas ipse tu/
lit dolores
nostros ipse
portauit

rer au pied de sa croix en demandant misericorde de
vostre follie que ie appelle peche. Laissez courre par
my la mer toutes navirez & aultres nefz & entres icy
auec moy et vous viurez aussi melodieusement que
iamais fist pape: empereur: ne roy. En ceste nauire
on vist sans mourir: on est ieune sans enuieillir: on
y est sain sās auoir maladie: on va repos sās labeur
lumiere sans obscurite: delectation sans angoisse:
ioye sans ennuy: amour sans nulle offence: et cognois
sance sans erreur. Mais se vous suyuez les aultres
vous aurez froit insuperable: feu icy extinguible vers
immortelz: feteur intollerable: tenebres palpables:
flagellation sans repos: horrible vision des dyables
confusion de voz pechez: desesperance de tous biens:
tristesse sans ioye: faim sans viande: soif sans boire
douleur sans soulas: plaius sans remede: pleurs
sans interualle: clameur sans silence: vlement sans
moderation: dur vent sans tranquillite: chault sans
fin: et tout mal sans iamais auoir nul bien. Oultre
plus laissez folie et peche: car les dampnez auront
pleur aux yeulx: strideur aux dens: feteur ou nez:
gemissement en leurs voix: terreur aux oreilles:
liens aux piedz et aux mains: feu et ardeur en tous
les menibres. Puis donc quil est ainsi habandon/
nez voz pompes: bombans: grans estatz et folles
mondainitez: et puis entres au nauire de vie ouest
vostre createur pendu en croix: donc nous pouons
dire. Il a porte noz langueurs & noz douleurs. O pou
ures folles viuant au monde qui toute vostre vie

dies suyuib les folles de ce monde venes apprendre
science: car vous trouueres en ceste nef la science de
toutes sciences: affin que apres la mort vous ne so
yes enseuelies au cimitiere des folles qui est le gouf
fre infernal et palais denfer. Consideres ce que dist
pape innocent tiers de ce nom au tiers liure de mise
ra humane conditionis capitulo primo de putredine
cadaueris. Ou il dist. Quelle chose esse qui est plus
puante que la charongne humaine. quelle chose est
plus horrible que la femme morte: de laquelle lem
brassement estoit aggreable en sa vie. Moleste est re
gard a sa mort. Que prouffitent donc les richesses
quant elles ne deliurent pas de mort. Que prouffi
tent les viandes sumptuesement habillees quant el
les ne deffendent pas le corps des vers. Que prouf
fitent les delices du monde quant ilz ne deffendent
point les ondeurs. Et dit en oultre. Celle qui main
tenant se seoit glorieusement en beau trosne: main
tenant gist au sepulchre desprisee & blasmee de chascu
Celle qui maintenant resplendissoit aournee de be
aux vestemens: maintenant put nue en la tombe.
Celle qui maintenant mengoit viandes delicieuses
es salles manifiques est maintenant consumee et
mengee des vers en la fosse. O folles mires vous
en ceste belle auctorite. Toy qui regarde ce beau mi
roel pourquoy ne desprise tu les choses mortelles he
las aps que vostre ame sera separee de vostre corps vous pour
res bien dire ceste auctorite se vous demoures en follie.

Quid fetidi
us humani
cadauere: qd
horribili? fe
mina mortua tua &c.

Qui speculum
cernis cur no
mortalia sper
nis &c.

o ii

ant vbi inf
bi leo
Mulierem bo-
am quis in
eniet

Ou est maintenant le droict:la loy:la voix la fleur
de ieunesse. Il nya icy que puantenr infection et tou
tes choses villaines. Il est aussi escript en la bible
aux prouerbes de salomon. Qui trouuera vne bonne femme il vault mieulx habiter en terre deserte q̃
auec femme noiseuse et ireuse:et est plus plaisant de
mourer auec vng lyon et vng dragon que auec vne
mauluaise femme:car il nya malice plus grãde que
la malice de femme:z nya point de ire plus grande q̃
lire de la femme. Parquoy folles mondaines si vo9
voulez acquerir science diuine il vous fault laisser
follie mondaine qui est le chemin conduisant les hu
mains a dampnation eternelle. Mais entres en ceste
nef laquelle vous cõduira a la gloire celestielle a la
quelle nous vueille conduire la saincte trinite. Qui
est pere filz et sainct esperit

¶ Lexcusatiõ de lacteur aux auditeurs.

Pertimº na-
ues fatuas
herbis galli
tis

O Vous lecteurs de ce present opuscule vous
voiez que nous auõs tourne la nef des fol
les de latin en francoys qui estoient par pe
tis vers latins en strepente touche. Et auons cude
et forge reigles tresbenignes par musere: donc sil
vous plaist plaudissez a la muse. Car il me semble que se bien regardes les matieres dicelluy plus
que lorateure vous donnerez gloire au saige maistre qui la compose. Et pource sauons tourne en frã
coys affin que les femmes se lisent plus a leur aise

₹ auffi pour leurs difciplines falutaires ₹ enfeigne₹
mes de pure vie Et pourlât qui lira le tiltre de noftre
libelle ne donne point grace au libelle.mais eflieue
maiftre Joce Bade abfcence poete laure qui a côpofe
ce petit libelle en latin:₹ puis la trâflate de latin en
francoys Maiftre iehan dropn Bachelier en loys₹ en
decret pour retirer les folles de leurs Voluptez:a la
peticion ₹ reqfte de Maiftre Auguilbert de marnef.
lequel eft umêteur de lauoir fait imprimer lequel eft
trefaloner.Et pource a la louêge du trefcppert poete
q̃ la côpofe foiêt rêdues grates doulces:lepides Voip
leprofite doulce:₹ lyprique nerf fluitêt:ftatiffent:et
coûrêt de la bouche de luy. Et ne fonne ne ne dit. pa₹
rolle Venir locuplete:₹ na dit chofe fcrutille caudeur
ou plume lactine a fon deffhôneur. Par quoy mainte
nât priôs le dieu fouuerai q̃ a n̄o dône benigne grace
de lauoir trâflate₹ paint p efcript:q̃l luy plaife auoir
ce petit opufcule trefaggreable. finiffant la nef des
folles:₹ nô pas feulement des folles:car il fentend
auffi biê aux fol₹ hões q̃ aux folles fêmes de ce mô₹
de. Et eft pour lacorrection des mapluais:₹ a l'ins
ftructiô des bôs:dôt lorêge foit a la benoite glorieu₹
fe trinite:₹ a la treffacree virge marie mere de dieu;
eftoille de mer.fentier ₹ adreffe de toute fag.ffe:la₹
quelle nous bueille impetrer telle grace enuers fon
cher enfant noftre faulueur que apres le naufrage de
ce mortel môde nous puiffons tous paruenir au be₹
noift de falut la ou elle regne depât luy triûphâmêt
epaftee fur toutes les ordres celeftes de la court im₹
perialle de paradis.Amen.

¶ Senfuit la table de ce preſent liure

www.ingramcontent.com/pod-product-compliance
Lightning Source LLC
Chambersburg PA
CBHW050016100426

42739CB00011B/2672